지속성장 가능한 조직 구현을 위한

성과관리의 정석

– 열심 지표 vs 잘 지표 –

| **오우식** 지음 |

도서출판 조명문화사
CMPress

지속성장 가능한 조직 구현을 위한
성과관리의 정석

초　　판 2021년 8월 20일

지 은 이 오우식
발 행 인 이재영
발 행 처 도서출판 조명문화사
04606
서울시 중구 장충단로4길 24-6
전화 02-498-3017
팩스 02-498-3018
등록번호 제2-846호(1989.7.13.)

편집·디자인 형우디앤피 02-2263-3887

ISBN 978-89-7257-512-2
정가 18,000원

지속성장 가능한 조직 구현을 위한

성과관리의 정석

– 열심 지표 vs 잘 지표 –

오우식 지음

●●▲

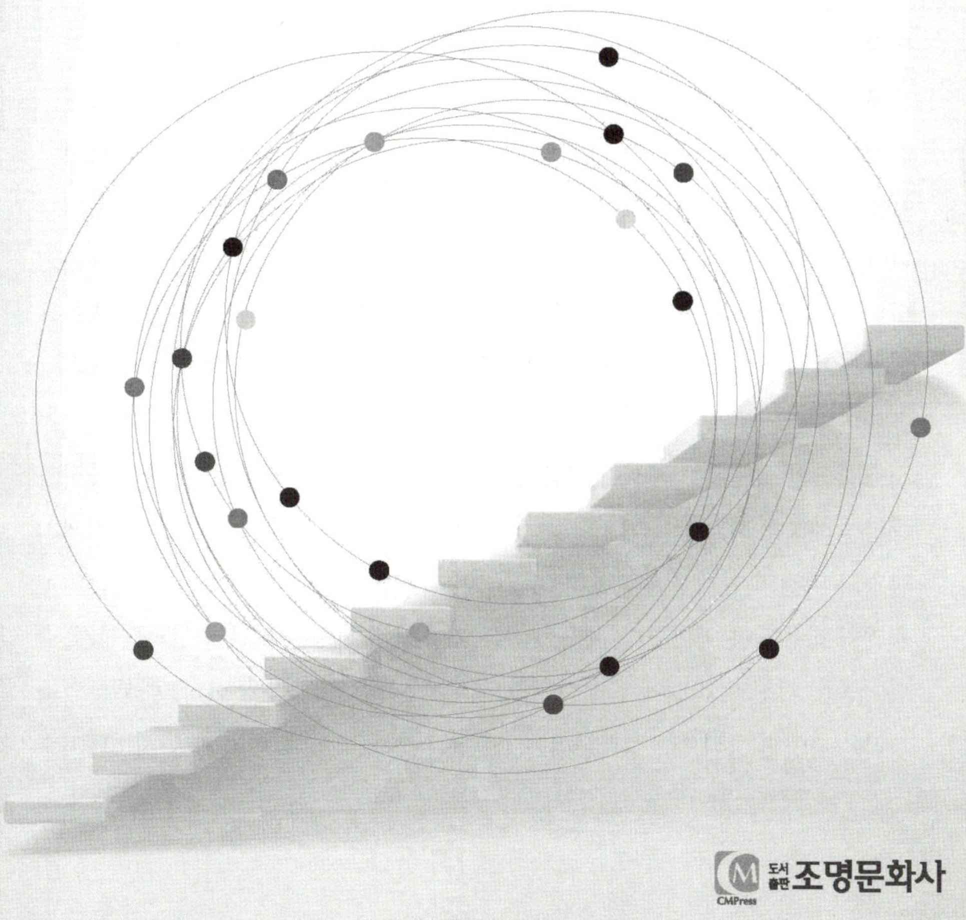

CMPress 도서출판 조명문화사

저자의 글

조직은 크고 작음의 규모에 관계없이 다양한 환경변화의 영향을 받으면서 성장할 수밖에 없다. 그 과정에서 지속성장을 담보하려면 그 변화에 적극적으로 대응할 수 있는 통합적인 역량을 확보해야 한다. 이는 결국 지속적인 경쟁우위를 갖는 조직만이 생존할 수 있다는 말과 같다. 그렇다면 이를 위해 무엇을 어떻게 해야 할까? 우선, 조직의 현 위치를 냉철하게 진단하고 미래로 나아가기 위한 명확한 방향을 설정해야 할 것이다. 그 방향은 비전이라는 형태로 제시된다. 조직은 설정된 비전을 구현하기 위해 단계적인 목표와 전략적인 최적의 수단을 선택하고 실행함으로써 우수한 성과를 창출해야 한다. 그러나 그와 같은 성과는 그냥 만들어지는 것이 아니라 매우 정교하고도 시스템적인 접근에 의해서만 가능하다. 이때 필요한 도구가 다름 아닌 전략적 통합성과관리 시스템이라고 할 수 있다. 여기에서 전략적이라는 표현은 미래 환경과 비전의 연계성을 강조하는 것이며 자원의 투입에 있어 선택과 집중의 원리가 작동됨을 의미한다. 통합성과는 기능식 조직의 단편적인 성과의 합을 뛰어넘는 미션과 비전에 충실한 질적 수준이 높은 성과를 뜻한다. 대부분의 조직은 다양한 방식으로 성과관리 시스템을 운영하고 있다. 하지만 그 시스템이 조직의 경쟁력과 구성원들의 역량 향상에 얼마나 그리고 어떻게 기여하는지 명확하지 않다. 성공적인 성과관리는 방법론이나 제도, 시스템보다는 운영 스킬과 활용 역량에 의존하는 면이 더 크다. 즉, 성과관리 시스템을 얼마나 빠르게 조직에 정착시켜 구성원들로 하여금 일상관리의 한 축으로 내재화되도록 리더십을 발휘하는가가 요체라 할 수 있다. 이 책에서는 기존 성과관리의 특정 방법론에 국한하지 않고 성과관리가 추구하고자 하는 본질적 모습에 맞춰 필요한 사항들을 망라하고자 하였다. 그렇다면 전략적 통합성과관리 시스템을 단기에 구축하고 정착시키기 위한 비결은 무엇일까?

첫째, 전략 중심의 조직 구현에 초점을 두어야 한다. 비전 및 전략목표로부터 이를 수행하기 위한 운영시스템은 물론 그 기반이 되는 문화에 이르기까지 전 분야가 성과관리가 추구하는 컨셉과 연계되어야 한다.

둘째, 시스템에 의해 자연스럽게 성과가 관리되도록 해야 한다. 성과관리 시스템이 개인들에게 부자연스럽고 거추장스러운 존재로 인식되면 곤란하다. 어디까지나 구성원 스스로가 일상에서 자율적이고 주체적으로 성과를 관리할 수 있어야 그 가치가 발휘되기 때문이다.

셋째, 성과관리를 조직의 성장만을 위한 도구로 활용해서는 안된다. 구성원의 성장 즉, 인재육성에 기반한 자아실현을 동시에 추구하는 철학이 바탕에 깔려야 한다. 조직을 성장시키는 주체는 어디까지나 구성원들이기 때문이다.

끝으로 경영자를 포함한 관리자의 성과관리에 대한 인식의 변화가 요구된다. 조직의 미래를 결정하는 관리자들이 어떤 생각과 사고방식을 견지하고 있는가 하는 문제는 조직의 전략적 방향과 성과관리에 있어 매우 중요하다. 진정한 변화는 절실함에서 나온다. 그 절실함은 미래와 현재, 외부와 내부 그리고 거시적·미시적 부분을 포함하여 다양한 전략적 고려사항들에 대한 체계적인 결합과 분석의 결과로 도출된 것이어야 한다. 성과관리는 핵심적인 경영관리시스템의 한 분야로 조직을 변화시키고 혁신시키는 중요한 수단이다. 이 책은 이와 같은 개념들을 기본 전제로 하여 총 7장으로 구성되어 있다. I장에서는 성과관리의 개념을 다루고 II장에서는 기존의 성과관리에 대해 진단한다. III장과 IV장은 도입하고자 하는 성과관리 시스템의 방향과 고려사항들을 살펴보고, V장과 VI장에서는 성과관리 시스템 구축 및 성과지표설계 방법론에 대해 설명한다. 마지막 VII장에서 성과평가와 결과의 활용방법에 대해 간략하게 제시한다.

성과관리를 접하는 초보자들도 성과관리와 관련된 개념과 방법을 쉽게 이해할 수 있도록 가능한 한 많은 예시나 사례를 삽입하려고 노력하였으나 충분하다고는 볼 수 없다. 성과관리에 대해 고민하는 리더들이 이 책을 통해 조직의 성과관리 역량을 극대화하고 그 결과로 더 강한 경쟁우위 조직으로 거듭날 수 있기를 기대한다.

2021년 6월

(주)퍼포먼스웨이컨설팅 연구실에서...

경영학 박사 **오 우 식**

제I장 성과관리에 대한 이해

제Ⅱ장 성과관리 시스템에 대한 성찰

제Ⅲ장 전략적 통합 성과관리의 방향과 Concept

제V장 성과관리 시스템 구축 방법론

제VI장 성과지표 설계방법론

제 I 장
성과관리에 대한 이해

1. 성과관리란 무엇인가?
2. 성과관리의 필요성
3. 성과관리의 방법과 특징
4. 성과관리에 대한 오해와 잘못된 인식

1

성과관리란 무엇인가?

1) 성과관리에 대한 관습적 인식

꽤 오래 직장생활을 했던 사람들도 조직생활을 하면서 창출한 자신의 성과에 대해 말해달라는 요청을 받으면 꽤 당황해 하는 모습을 보이곤 한다. 아마도 일상에서 성과라는 단어를 자주 사용하지 않기 때문일 것이다. 그것이 아니라면 성과에 대한 중요성을 피부로 체감할 수 있는 기회를 갖지 못해서 그럴 수도 있다. 같은 음식이라 하더라도 그 음식의 역사적 유래나 스토리를 알고 나면 맛의 강도가 훨씬 더 하듯이 성과관리도 그 본질을 정확하게 이해하고 나면 그 의미가 보다 새롭게 느껴지게 된다. 성과관리는 단어의 뜻대로 원하는 성과가 잘 구현될 수 있도록 관리하는 것이다. 그런데 어쩐 일인지 관리를 한다고 하면 누군가로부터 통제를 받는다는 느낌을 지울 수 없다. 그래서 보통 성과관리라고 하면 부담을 느끼거나 피하고 싶은 생각이 앞선다. 아마도 이는 대부분의 사람들이 성과관리의 본질을 잘못 이해하고 있는 것에서부터 만들어진 오해라고 생각된다.

2) 성과관리의 다양한 정의

성과관리는 성과와 관리라는 두 개념의 합성어이다. 사전적으로 보면 성과란 업무의 결과로 이루어 낸 결실이나 보람을 의미하며 관리란 어떤 일의 원만한 처리 또는 일정한 상태의 유지를 위해 취하는 일련의 종합적 행위를 말한다. 그러나 현업에서는 성과관리의 해석에 있어 아직도 혼선이 있으며 명확하게 표준화되어 있지 못한 것이 현실이다. 민간보다 공공영역으로 확장할 경우 그 문제는 더욱 복잡해진다. 예를 들면, 성과를 특정 주체가 추진한 정책 또는 사업의 결과로 발생하는 산출물(outputs)을 말하기도 하고, 그 산출물이 직·간접적으로 사회에 미치는 효과(outcomes)는 물론 최종적인 영향(impacts)까지도 모두 성과에 포함된 개념으로 파악하기 때문이다. 성과관리를 이론적으로 정의하면 특정 주체가 업무를 통해 기대하는 결과가 잘 달성될 수 있도록 이를 계획하고 실행한 후 평가와 피드백을 통해 이를 지원하고, 촉진하는 과정이라 할 수 있다. 한편, 공공부문의 정부업무평가기본법에서는 조직의 미션과 비전, 중·장기 목표, 연도별 목표 및 성과지표를 미리 제시하고, 집행과정 및 결과를 경제성·능률성·효과성 등의 관점에서 관리하는 일련의 활동으로 보고 있다. 전문가 그룹 역시 보는 관점에 따라 성과관리를 다양하게 정의하고 있지만, 조직이 추구하는 목적을 체계적으로 달성하기 위한 효율적이고 효과적인 통합경영관리시스템으로 보는 것에는 의견이 일치한다.

3) 성과관리에 대한 정확한 해석

가. 성과관리와 성과관리싸이클

앞에서 다소 이론적으로 성과관리를 논의했다. 이제 좀 더 실무적으로 성과관리에 대해 설명해 보자. 조직차원에서 보면 성과는 구체적으로 조직이 추구하는 비전이나 전략목표의 구현이라 할 수 있다. 물론 개인차원으로 보면 자신이 맡고 있는 업무에서 달성하려고 하는 목적이나 목표가 될 것이다. 관리는 당초의 계획된 목표를 향해 구상했던 대로 올바른 방향으로 나아가도록 촉진하는 활동이다. 성과영역에서는 설정된 바람직한 결과를 정의하고 이를 목표로 구체화한다. 관리영역에서는 그 목표를 과제와 실행이라는 프로세스로 전환하여 산출물을 만들어 낸다. 성과영역과 관리영역은 상호 정보를 교환하고 결합하면서 점차 성과의 질을 고도화해 나아간다. 다시 말하면 성과관리는 조직이 기대하는 바람직한 결과를 창출하기 위해 그에 필요한 핵심 성공요소들을 발굴하고, 이들의 체계적인 관리를 통하여 원하는 훌륭한 성과를 창출해가는 순환사이클이라고 말할 수 있다.

〈그림1-1〉 성과관리의 사이클

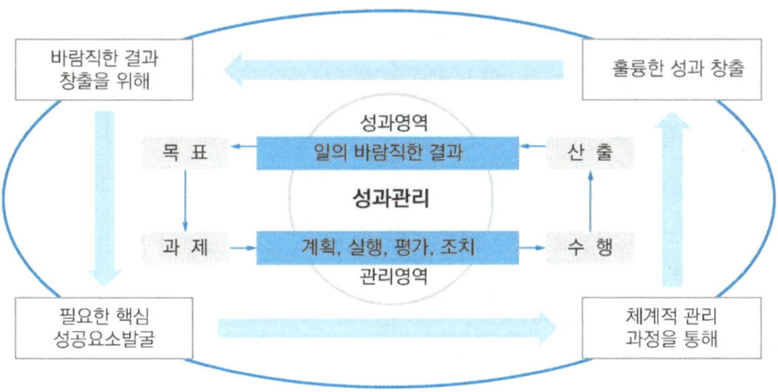

나. 성과관리에 대한 왜곡된 인식

성과관리에 대해 조직의 구성원들은 일반적으로 어떻게 생각하고 있을까? 아직도 많은 사람들이 성과관리를 불편한 대상으로 인식하고 있다. 성과관리 시스템이 자신들을 괴롭힌다고 생각하기 때문이다. 그 이유는 관리라는 용어에서부터 비롯된다. 많은 사람들은 보통 관리라는 단어를 수동적인 통제의 개념으로 이해한다. 따라서 성과관리의 경우도 관리라는 용어 때문에 성과라는 수단이 자신을 통제한다는 인식이 강하다. 즉, 자신이 주체적으로 성과를 관리한다고 생각하는 것이 아니라 성과가 자신을 관리한다고 인식한다는 점이다. 이때 발생하는 문제는 관리를 위해 필요한 평가의 역할을 부정적으로 본다는 것이다. 즉, 평가의 목적을 문제점의 발굴과 해결이라는 본질적인 부분보다는 부수적인 결과로 나타나는 등급화나 서열화로 연결시킨다. 이와 같은 시각으로 성과관리를 해석하면 성과관리란 당초의 목표에 대한 평가를 통해 서열화를 만드는 과정과 개념으로만 이해하게 된다. 성과관리 담당자는 이와 같은 현상이 조직 내부에 발생하지 않도록 적절한 조치를 해야한다.

다. 성과관리에 대한 올바른 해석

성과관리에서 주의해야 할 점은 앞에서 논한 것처럼 성과관리가 평가를 통한 서열화가 아니라는 점이다. 즉, 평가 그 자체보다는 관리를 통한 피드백이나 문제해결이라는 부분에 초점을 맞춰야 한다. 조직 전체 입장에서 볼 때 성과를 창출하는 목적은 조직이 추구하는 비전을 달성하기 위한 것이므로 성과관리는 곧 비전관리라고 해도 큰 무리는 없다. 그렇다면 비전을 어떻게 하면 효과적으로 관리할 수 있을까? 아래의 그림을 보자. 성과관리는 성과가 잘 달성될 수 있도록 체계적으로 관리하는 것이다. 관리를 위해서는 성과가 잘 구현되고 있는지 전체의 프로세스를 확인하고 점검해야 한다. 즉, 과제나 사업별로 계획에서부터 실행과정 그리고 실적까지 체계적인 분석과 평가가 수반되어야 한다. 분석과 평가의 결과로 나타난 이슈는 피드백을 하거나 문제점에 대한 개선을 통해 비전의 구현에 긍정적인 영향을 미치도록 해야 한다.

〈그림1-2〉 성과관리의 올바른 개념

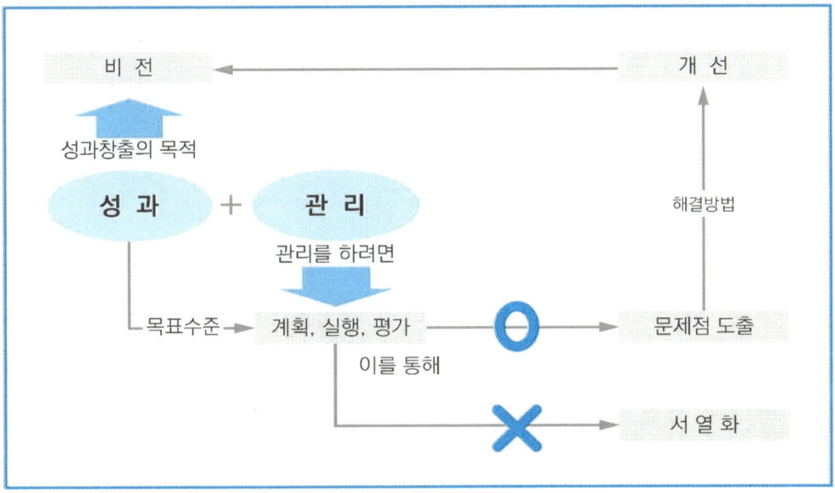

여기에서 중요한 것은 관리의 프로세스 중 평가의 역할이라 할 수 있다. 정확한 평가 없이는 실행 상의 문제파악은 물론 당초 목표와의 차이도 분석할 수 없을 뿐만아니라 정확한 피드백 또한 어렵다. 따라서 체계적인 관리는 정확한 평가를 그 전제로 한다 해도 과언이 아니다. 결론적으로, 성과관리는 전사 차원에서 성과라고 할 수 있는 비전이나 전략목표가 일정한 체계 속에서 제대로 달성되고 있는지 아닌지를 평가해 보고, 그 결과 문제점이 드러나면 그 문제점들의 개선을 통해 비전과 목표가 제대로 달성되어 가도록 만들어가는 과정이라고 볼 수 있다. 이렇게 해석하는 것이 실무 차원에서 성과관리를 정확하게 이해하는 방법이다.

라. 성과관리와 성과평가에 대한 차이

성과관리의 핵심은 조직의 미션과 비전을 구체화하고, 그 비전을 달성하기 위한 전략목표를 실현할 수 있도록 전략적 관점에서 자원을 집중화시키는 데 있다. 그렇다면 성과관리가 성과평가와는 어떤 관계가 있는가? 결론적으로 말하면 성과평가는 성과관리의 중요한 요소 중 하나라고 볼 수 있다. 성과평가의 개념에 대한 논의 역시 학자들 간에도 차이가 있는데 이는 무엇을 목적으로 하느냐에 따라서 달라질 수밖에 없다. 일반적으로 성과평가란 과제나 사업이 의도하는 목표에 비해 어느 정도 효과적으로 성과가 달성되었는가를 객관적이고 체계적으로 분석하는 가치판단 활동으로 볼 수 있다. 성과평가는 사업이나 조직의 특성에 따라 난이도 수준에 차이가 많다. 성과평가에 있어 민간영역은 재무적 성과에 초점을 맞춘 비교적 명확한 목표를 갖고 있는데 비해, 공공조직은 공익의 실현이라는 추상적인 목표를 갖고 있다는 점에서 성과평가에 어려움이 있는 것은 사실이다. 또한, 민간의 경우 비교적 자본 투입에 대한 효과가 단시간 내에 측정될 수 있어 투입 대비 결과에 기반한 효율성 평가가 비교적 쉽다. 하지만 공공부문의 경우 투자에 대한 효과가 단시간 내에 창출되지 않으며, 성과평가의 인과관계가 대부분 명확하지 않을 뿐만 아니라 성과를 양적으로 측정하기 어려운 부분도 많다. 이와 같은 다양한 원인들로 인해 공공부문의 성과관리는 민간에 비해 상대적으로 뒤져 있는 것이 사실이다.

4) 성과관리를 정확하게 이해해야 하는 이유

가. 열심히 한 것과 잘한 것의 차이?

우리는 일상생활에서도 열심히 한 것과 잘한 것을 혼동하는 경우가 많다. 그러나 이 둘은 개념과 레벨이 서로 다르다. 잘하기 위해서는 열심히 하는 과정이 필요하겠지만 열심히 한다고 해서 반드시 잘한다는 공식은 성립하지 않는 경우가 많기 때문이다. 특히, 조직의 입장에서는 이 둘을 엄격하게 구분해서 사용해야 한다. 성과 측면에서는 전혀 다른 결과를 초래하는 시발점이 되기 때문이다. 잘하지 못한 것을 열심히 한 것만으로 포장을 하는 것은 자칫 중요한 의사결정에서 오류를 야기시킬 수 있다. 업무는 반드시 이루고자 하는 목적이 있게 마련이며 이 목적이 제대로 달성되었을 때 우리는 잘한 것으로 평가한다. 그런데 잘하고 못하고보다는 그것을 달성하는 데 필요한 과정에 투입된 시간과 노력의 과다나 관련 수단의 다양한 정도를 중요한 성과 기준으로 제시하는 경우가 많다. 물론 일의 과정에 투입된 노력들을 폄하하고자 하는 것은 아니다. 다만 그것만으로 일의 결과적 성과를 측정하는 것은 충분하지 못하다는 점을 지적하는 것이다. 성과란 무엇을 얼마나 했는가가 아니고 무엇을 얼마만큼 이루어 냈는가에 대한 답이라고 해석해야 옳기 때문이다.

쉬어가기 공부 잘하는 것과 열심히 하는 것

예를 들면, 공부를 잘하는 것과 공부를 열심히 하는 것은 분명히 다르다. 학생들에게 학창 시절의 성과를 얘기할 때 몇 시간의 공부를 했고 출석 일수가 몇 일인지는 별로 의미가 없다. 그것보다 오히려 전체 순위가 몇 위에 있는지 전체 과목 평균이 얼마이고 과목별 점수가 어느 정도 수준에 위치하고 있는지를 보여 주는 것이 더욱 중요하다. 물론 좋은 성적을 거두기 위해 열심히 한 것을 저평가하는 것은 아니다. 그나마 열심히 하지 않고 잘할 수 있는 방법은 별로 없기 때문이다. 공부를 잘하고 좋은 성적을 거두기 위해 보통은 복습과 예습을 철저하게 하고 그 시간을 늘려야 한다. 또한, 학업과제도 완벽하게 처리해서 우선 과정에 해당하는 수행평가 역시 잘 받아야 한다. 그러나 중요한 사실은 복습과 예습 그리고 학업과제를 완벽하게 수행하는 것은 어디까지나 공부를 잘하고 좋은 성적이라는 결과를 얻기 위해 필요한 과정이자 수단에 불과하다는 점이다. 이는 수단의 완벽함이 좋은 성적 100%를 반드시 보장하지는 않기 때문이다.

나. 성과관리 = 평가 = 줄 세우는 것?

성과관리는 자신이 설정한 목표와 수준을 달성하기 위해 자율적인 관리를 전제로 하고 있다. 그럼에도 불구하고 많은 사람들은 성과관리를 평가라는 좁은 틀 안에서 해석하려고 한다. 더 나아가 성과관리를 평가의 결과 활용에만 초점을 맞춰 부서나 개인을 서열화하는 과정으로만 이해하는데도 주저하지 않는다. 이와 같은 현상이 고착화되면 조직 차원에서는 적지 않은 부작용이 초래될 수밖에 없다. 구성원들은 보다 높은 점수와 서열을 획득하기 위해 바람직스럽지 못한 유혹에 빠지기 쉽기 때문이다. 예를 들면, 중요하고 어려운 고 부가가치의 과제를 선택하기보다는 리스크가 크지 않은 적당한 과제를 선정하는 문제가 대두될 수 있다. 또한, 단지 열심히만 하면 달성되는 비교적 어렵지 않은 지표, 전년 대비 약간만 높은 수준의 목표설정 등 여러 가지 방법을 동원할 수도 있다. 이는 성과관리에 대한 올바른 이해가 부족한 것도 있지만 성과관리를 줄을 세우는 것으로 잘못 인식하는 것에서부터 출발한다. 물론 이와 같은 현상은 개인의 문제라기보다는 조직 차원의 문제라고 볼 수 있다. 성과관리와 평가의 본질이 무엇인지 정확하게 알려주고 그 역할에 충실한 성과관리를 위해서는 어떤 것들을 해야 하는지, 그것을 통해 부서 및 개인은 어떤 효과를 창출할 수 있는지 먼저 이해를 시켜야 한다. 문제의 핵심은 성과관리를 보다 적극적인 관점에서 해석하고 문제점의 발굴과 개선이라는 본질적인 목적을 지향하도록 하는 것이 급선무이기 때문이다. 그래야 성과관리의 본질적인 기능과 역할을 보다 잘 수행할 수 있고 그 결과로 조직은 지금보다 더 높은 경쟁우위력을 확보할 수 있을 것이다.

다. 업무의 실적관리와 성과관리의 구별

일상에서는 업무의 실적과 성과를 명확하게 구별하지 않는 경우가 많다. 크게 보면 구분의 의미가 미미할 수도 있다. 그러나 이 책에서 이를 꼭 구별하고자 하는 이유는 한마디로 성과관리를 정확하게 이해시키고자 함이다. 많은 조직이 성과관리를 운영하는 데 있어 여러 가지 이슈가 있지만 그중 하나는 업무실적과 성과를 같다고 여기는 경우이다. 그것이 옳다면 굳이 성과지표를 투입지표, 과정지표, 산출지표, 결과지표, 영향지표 등으로 세분화할 필요가 없다. 지표의 유형을 이렇게 분류한 이유는 역시 업무실적과 성과를 구분하고자 하는 목적이라 해도 과언이 아니다. 실제로 일상의 업무실적 관련 회의에서는 많은 경우 결과적 성과를 분석하기보다는 산출 지향의 실적을 논의하고 피드백하는 경우가 많다. 최종적인 성과를 만들어 내기 위해 단기적으로 필요한 것은 업무실적들이기 때문이다. 그렇다면 업무실적과 성과는 어떻게 다른가?

〈표 1-1〉 업무실적관리와 성과관리의 비교

항목	실적관리	성과관리
주요 관점	공급자 시각	수요자(고객) 시각
지표 유형	과정, 산출지표	결과, 영향지표
측정 기간	단기적	단·중기적
영역	개인차원, 단편적	팀 차원, 복합적
관리대상	산출물과 연계	추구 목적과 연계
측정 수준	상대적으로 단순	실적관리에 비해 복잡

위에서 보듯이 업무실적과 업무성과 간에는 분명한 차이가 있다. 다만, 단기적으로 성과를 도출할 수 있는 과제나 사업의 경우에는 실적과 성과의 구분이 모호한 경우도 존재한다. 성과관리에서는 과정에서 나타나는 실적 관리도 중요하지만 궁극적으로는 결과적인 성과를 창출하는 데 역량을 집중해야 함은 말할 필요도 없다.

쉬어가기 훌륭한 성과관리! 학창시절에 마스터?

성과목표를 관리하는 데 있어 중요한 모니터링 과정이 없거나 있어도 부실하다면 성과관리는 그 핵심을 벗어날 가능성이 높다. 주기적으로 모니터링이 없기 때문에 과업의 수행 정도에 대한 정보가 있을 리 없고 따라서 관리에 있어 중요한 피드백은 근본적으로 불가능하다. 또한, 중간의 과정 관리가 어렵기 때문에 목표의 달성 여부는 항상 불확실하다. 그러므로 결과에 대한 평가는 더 불안할 수밖에 없게 된다. 우리가 지금까지 겪어온 일상생활 중 성과관리를 가장 잘 한 시대는 대부분 학창시절이라고 보면 된다. 학창시절에는 적어도 2~3개월 단위로 성과를 모니터링 하는 과정이 있었다. 여기에서 성과는 시험결과인 성적 점수나 석차라고 할 수 있다. 모니터링은 평가를 통해 어느 과목의 실력이 부족하고 어느 과목이 상대적으로 우수한지 점검하는 과정으로 보면 된다. 모니터링의 한 축인 중간이나 기말고사 시험의 성적결과는 우리들에게 많은 고민과 의사결정거리를 만들어 주곤 했던 기억들이 있을 것이다. 그때마다 어느 과목에 문제가 있는지 자신의 현 수준을 되돌아보는 좋은 발전의 계기가 될 수 있었다. 또한, 해결방법으로는 학원을 새로 다녀야 할지 아니면 과외를 받아야 할지도 고민했을 것이다. 중요한 것은 이처럼 중간 중간에 피드백 되는 정보가 있어야만 뭔가 새로운 의사결정을 할 수 있고 그에 따른 적절한 조치가 따를 수 있다. 따라서 평가가 없는 관리란 있을 수 없으며 우리 인간은 성과관리 특히, 평가라는 과정을 통해 성장과 발전을 해왔다고 보아도 무방하다. 이를 좀 더 효과적이고 효율적으로 활용할 수만 있다면 지금보다 더 나은 사회를 만들어 가는 데 성과관리는 매우 유익한 수단이 될 것임에 틀림없다.

2

성과관리의 필요성

1) 성과관리는 꼭 필요한가?

가. 조직이 성과를 관리하지 않는다면...?

조직에서 성과관리가 과연 필요한가? 이에 대한 가장 쉬운 방법은 질문을 역으로 해보는 것이다. 조직에서 성과를 전혀 관리하지 않는다고 할 때 어떤 문제가 발생할 수 있을까? 전사 차원에서 나아가야 할 목표가 정해지지도 않고 목표가 있더라도 부서에 체계적으로 할당되지도 않은 상황 말이다. 부서는 물론 개인도 어떤 과제를 얼마만큼 수행해야 하는지 알 수 없을 것이다. 또한, 전사 차원의 목표가 달성되지 못해도 그 원인은 무엇이며 어떤 처방을 내려야 하는지 대책을 수립하는 것도 어려울 것이다. 그와 같은 상태로 시간이 경과한다고 해서 조직에 무엇을 기대할 수 있을까? 조직이 성과를 관리하지 않는다는 것은 경영을 포기하는 것이나 다를 바 없다. 비전과 목표를 설정하고 이를 달성하려고 노력하는 것 그 자체가 성과를 관리한다는 것을 전제로 하고 있다. 그와 같은 의미에서 역사 이래로 모든 조직은 어떤 방식으로든 성과를 관리해오고 있으며 조직이 존재하는 한 성과는 영원히 관리될 수밖에 없다.

나. 관련정보가 적시에 제공되지 않으면 의사결정은 어떻게?

모든 조직이 그러하듯 의사결정은 경영에 있어 매우 중요하다. 조직 구성원이라면 적어도 한 번쯤은 어떻게 하면 의사결정을 잘 할 수 있을지 생각해 본 경험이 있을 것이다. 조직은 생존과 성장을 위해 끊임없이 노력한다. 이 과정에서 수많은 의사결정을 해야 한다. 그것도 타이밍에 맞게 말이다. 조직을 성공적으로 관리하는 데 있어 최적의 의사결정만큼 중요한 것이 또 있을까? 그렇다면 최적으로 의사결정을 하기 위한 성공요소는 무엇일까? 무엇보다도 의사결정에 필요한 정보들을 경영자들에게 정확하고 신속하게 제공하는 일이다. 더군다나 시간을 다투는 의사결정이라면 더더욱 그렇다. 그러나 이와 같은 정보의 제공 능력은 상당한 수준의 관리체계가 구축되어 있어야 가능하다. 다시 말하면 체계적으로 잘 갖춰진 성과관리 시스템을 통해서만이 조직 전반의 사업 관련 정보를 적기에 제공할 수 있다. 사업별 성과 관련 정보가 실시간으로 생성되고 통합되는 수준으로 시스템이 운영되지 않는다면 경영층에 필요한 시시각각의 최적화된 의사결정은 한계에 부딪힐 수밖에 없다. 조직 전체에 대한 성과 관련 상황을 상시적으로 파악할 수 있는 시스템이 필요한 이유이다.

다. 기존 관리시스템으로는 동일 수준의 반복일 뿐...

조금만 더 깊이 생각해보자. 관리시스템이란 그 특성 상 아무리 잘 만들더라도 완벽할 수는 없다. 따라서 우리는 나름대로 구축된 관리시스템을 조직에서 얼마만큼 잘 활용할 수 있는가에 관심을 두어야 한다. 전사 차원에서 볼 때 성과관리 시스템 구축은 이전보다 여러가지 면에서 효과 창출을 가능하게 한다. 선진 회사들은 왜 앞다투어 이를 도입해서 활용하고 있을까? 대답은 간단하다. 기존의 성과관리 시스템과 운영방식으로는 과거의 아날로그 수준에 머무를 수밖에 없음을 간파했던 것이다. 따라서 현재 다소의 어려움이 있더라도 보다 더 큰 효과를 창출하기 위해 성과관리 시스템을 활용하고자 했기 때문이다. 조직은 항상 우리가 현재 어느 위치에 와 있고 성과에 있어 무엇이 부족한지를 알아야 그에 맞는 전략적 조치를 취할 수 있다. 이와 같은 일련의 체계적인 과정을 거치지 아니하고 조직을 최적의 상태로 관리할 수 없기 때문이다. 그 방법을 좀 더 쉽고 효율적으로 수행할 수 있도록 체계화시킨 것이 성과관리 시스템이라고 생각하면 된다. 따라서 성과관리 시스템은 조직의 비전과 전략 목표를 달성하기 위한 훌륭한 메카니즘이자 관리도구인 셈이다. 이제 성과관리 시스템은 구성원들의 선택과 선호문제가 아니라 당위적인 과제이며 이를 어떻게 잘 활용할 것인가에 초점을 맞추어야 한다. 과거의 수준을 뛰어 넘으려는 혁신적인 노력과 의지가 없으면서 지속성장과 발전을 기대하는 것은 망상에 가까운 과욕이 아닐까?

라. 결국, 성과관리는 저항이 있더라도 해야 하는 것

성과관리 시스템의 역할이 이처럼 지대함에도 불구하고 구성원들은 성과관리를 찬성하는데 매우 인색하다. 왜 그럴까? 그에 대한 대답은 결국 해야 하는 것과 하고 싶은 것을 구분하지 못한 데서부터 출발한다. 대부분의 인간은 본질적으로 변화와 혁신을 싫어한다. 새로운 것에 적응하려면 너무 많은 에너지가 필요하기 때문이다. 그래서 조직에서는 변화와 혁신이 상향식으로 이루어지는 일은 거의 없다. 누구나 주어진 환경에 익숙해지면 그것이 편하기 때문에 스스로 변해야 할 이유가 없어진다. 조직의 변화를 이끌어내기 위해서는 우선 그것에 대한 필요성을 인식시켜야 한다. 필요성에 대한 인식의 정도가 클수록 변화에 대한 수용력도 커진다. 모든 시스템과 제도는 도입과 운영 과정에서 어려움이 있기 마련이다. 특히, 한번도 경험해보지 못한 시스템이나 제도의 경우는 더욱 그렇다. 그렇다고 그 어려움이 제도나 시스템 도입 자체를 거부하는 이유로 정당화될 수는 없다. 새로운 변화에 구성원들은 여러 가지 이유와 핑계 그리고 변명으로 저항을 한다. 그렇다고 해서 결정을 차일피일 미루다 보면 외부의 압력에 의해 변화될 수밖에 없는 막다른 상황으로 몰리기도 한다. 반드시 해결해야만 하는 과제가 벽에 부딪혔을 때 저항이 있다고 해서 이를 포기하거나, 시점을 늦춘다면 영원히 회복할 수 없는 상황에 직면할 수도 있다. 세상은 이미 경쟁우위를 확보하지 못하면 존립이 위태로운 시대에 돌입해 있기 때문이다.

쉬어가기 **전자결재 이야기**

요즘 그룹웨어를 활용한 전자결재에 저항하는 사람들은 없다. 과거 전자결재시스템 도입 초기를 돌이켜 상상해보자. 그 당시에는 어떠했는가? 불평과 불만도 엄청나게 많았다. 꼭 비싼 돈을 들여 이것을 해야 하느냐? '불편하다' '어렵다' '비효율적이다' 등 수많은 비난을 받은 기억이 있다. 심지어 '기계로만 일을 하려는 발상이 가증스럽다'는 핀잔도 있었다. 지금은 모두 과거의 일이 되었다. 전자결재 시스템이 도입될 때 역시 변화를 싫어하는 상당수의 사람들은 반대가 심했다. 당시 반대 논리에 밀려 도입을 포기했던 회사도 상당수 있었다.

> 인간이 새로운 변화와 도전에 대해 거부감을 느끼는 것은 과거나 지금이나 똑같다. 아이러니하게도 변화와 도전 없이는 세상의 발전이 불가능하다는 것을 모르는 사람이 없는 것 또한 과거에도 지금도 역시 변함이 없다. 그때 저항 때문에 지금까지 전자결재가 도입되지 않았다면 어떤 모습일까? 생각만 해도 끔찍한 일이다. 어느 것이나 본질을 외면한 채 그럴듯한 변명과 이유를 들어 그것이 전체인양 왜곡되게 포장을 하는 것은 스스로 그것을 하기 싫어하거나 어려움을 극복할 능력이 부족함을 다른 말로 위장하는 데 지나지 않는다.

2) 기존 아날로그형 관리 방식으로는 경쟁력의 한계

가. 아날로그 시대의 성과관리 시스템 운영

지금까지 국내 기업들을 포함하여 공공기관들의 성과관리는 후진적 수준에 머물러 있는 것이 현실이다. 기업의 경우에도 성과관리의 한계가 많지만 공공부분의 경우는 측정과 평가가 어렵다는 이유로 성과측정 방법에 대한 연구개발이 더 지지부진하다. 많은 조직이 지금까지도 실질적인 성과관리가 이루어지지 않은 상태에서 관리의 흉내만 내고 있다고 해도 과언이 아니다. 이는 훌륭한 성과를 지속적으로 창출할 만큼 성과관리가 잘 정착된 조직이 별로 없는 것을 보아도 알 수 있다. 그렇다고 성과관리에 발전이 전혀 없었다는 의미는 결코 아니다. 국내에 다양하게 도입된 성과관리 시스템의 경우 제도가 지니고 있는 철학이나 당초 목적과는 달리 왜곡되어 적용되거나 본질이 무시된 채 형식만 빌려온 경우도 많다. 이미 경험한 바 있는 균형성과관리(BSC: Balanced Score Card), 목표관리(MBO: Manage ment By Objective)와 방침관리도 예외는 아니다. 목표관리의 형식을 빌어 주요항목을 기입하고 지표와 목표를 설정한 후 그것의 달성 정도를 관리해 온 수준의 성과관리가 대표적이다. 좀 더 쉽게 말하면, 성과관리 그 자체가 별로 의미가 없는 수준에서 운영되고 있다고 해도 틀린 말은 아니다. 우리의 국가적 위상이나 발전

수준에 비추어 본다면 성과관리는 유치한 수준에 머물러 있다.

나. 성과를 중시하지 않는 운영방식의 답습과 문화

'바쁘기는 한데 잘 되는 것은 없는 현실'을 토로하는 경영자들이 많다. 이와 같은 이슈가 조직의 많은 책임자나 오너의 고민 중 하나임에는 틀림없다. 무심코 직원에게 그동안의 성과가 무엇이냐고 물어보면 성과를 말하기보다는 열심히 해 온 일들을 나열하기 일쑤다. 왜 그와 같은 현상이 발생할까? 이에 대한 진실을 알기 위해서는 구성원들의 일하는 방식을 좀 더 객관적으로 분석해 볼 필요가 있다. 그 해답은 의외로 간단하다. 중요하지는 않지만 매일 해 오던 습관적인 유지관리 업무에 많은 시간을 투입한 결과 전략적이고도 중요한 일에 시간을 할애할 여력이 없기 때문이다. 그렇게 되면 조직도 개인도 경쟁력이 저하되기는 마찬가지다. 개인은 잠시의 여유도 없이 열심히 움직였지만 실제 내세울만한 성과나 실적을 만들지 못하게 된다. 이것을 다른 말로 하면 조직에 도움이 될 만한 일을 하지 않았다는 의미가 된다. 조직에 기여가 별로 없는 성과를 가지고 일을 잘했다고 주장하는 것은 단순히 열심히 했다는 사실을 훌륭한 성과로 포장하는 기만에 지나지 않는다. 적어도 조직 구성원이라면 전사적인 전략적 방향에 맞춰 기여도가 높은 가치있는 일을 수행해야 한다. 전사적인 목표하에 전략적인 과제를 수행하거나 유지관리형 업무라 하더라도 보다 부가가치 지향적인 영역에 관심을 쏟아야 한다. 왜냐하면 업무의 가치창출 정도가 곧 자신과 조직의 성과를 판가름하는 기반이 되기 때문이다. 개인의 업무성과가 전사적 성과로 직결되는 정도가 높을수록 조직의 경쟁력은 그만큼 향상될 수 있음을 깊이 인식해야 한다.

다. 조직의 경쟁력과 관련없는 형식적 성과관리

성과관리 시스템에 아무리 많은 예산이 투입되고 겉으로 화려하게 보이더라도 그것이 관리의 수단으로서의 기능을 충분하게 발휘하지 못하면 수준 높은 성과관리는 불가능하다. 이와 같은 시스템은 시간이 흐를수록 조직의 경쟁력 향상에 도움이 되기는 커녕 처분되기만을 기다라는 성과관리로 전락되기 일쑤다. 성과관리 수준은 설계된 과제 및 성과지표의 품질수준으로 가늠해 볼 수 있다. 비전이나 전략목표를 달성하는 데에는 수준 높은 과제와 그 과제와 관련된 대표성 있는 성과지표의 설계가 핵심이기 때문이다. 그런데 국내 기업과 공공부문의 성과지표는 대부분이 산출지표 중심이다. 예산의 투입에 따라 연동되는 지표를 사용하는가 하면 종전 실적을 근간으로 달성 가능한 수준에서 목표를 설정하고 있는 것이 현실이다. 또한, 글로벌 경쟁력을 외치고 있는 회사조차도 그에 상응한 글로벌 관련지표가 미흡한 것이 국내 조직들의 수준이다. 적어도 글로벌 경쟁을 하는 회사라면 경쟁하는 주요 영역과 범주에서 그에 걸맞는 성과지표를 설정하고 격차를 관리하는 목표치가 있어야 함에도 그렇지 못하다. 예를 들면, 회사의 기술 수준이 경쟁사와 몇 년 정도 차이가 나는지를 분석할 수 있거나 제품 개발 속도가 어느 정도인지를 가늠할 수 있는 지표가 설정되어야 할 것이다. 수준 높은 성과관리를 위한 지속적인 방법론의 개발과 연구가 없었기에 조직의 성장과 발전이 더디었다고 볼 수 있다.

3) 훌륭한 조직관리는 고품질의 성과관리 시스템으로부터

가. 조직의 선진화 정도는 성과관리의 수준에 비례

일류조직이 되려면 그에 맞는 최고 수준의 관리능력이 필요하다. 또한,

일류수준의 성과관리 시스템이 정착되어야 고품질의 우수한 업무 성과를 만들어 낼 수 있다. 글로벌 차원의 선진 수준에서 보면 현재 우리들의 성과관리 수준은 그들과 너무 많은 격차가 있다. 언제까지 그럴듯한 변명과 이유로 시스템 고도화를 지연시키면서 더 쉽고 훌륭한 시스템이 탄생되기를 기다릴 것인가? 지금의 성과관리 시스템을 운영하는 것이 어렵다면 더 높은 수준의 관리를 요하는 시스템의 적용은 그만큼 더 힘들 것이다. 왜냐하면 정교하고 수준이 높을수록 더 많은 그리고 높은 품질관리의 능력을 요구하기 때문이다. 선진 수준을 달성한다는 것은 그에 비례하는 구성원들의 역량과 제도, 시스템 그리고 그에 걸맞는 경영 관련 요소들을 필요로 한다. 설령 그것들이 갖추어 졌다 해도 보다 높은 최고의 성과를 창출한다는 것은 또 다른 영역일 수 있다. 선진화를 위해 어떤 관리시스템이 필요한가에 대해 구성원들이 공감하는 일부터 시작해야 하지 않을까?

나. 예방과 사전관리를 위한 성과관리 시스템

어떻게 하면 조직관리의 수준을 고도화할 수 있는가? 관리는 지향하는 목표를 향해 모든 것이 차질없이 진행되도록 지원하는 제반 활동이라고 할 수 있다. 그런데 이것은 말처럼 쉽지 않다. 그렇게 하려면 관리해야 할 대상들이 정상적인 궤도에서 운영되고 있는지 사전적으로 확인을 해야 하기 때문이다. 물론 이를 위해서는 여러 가지가 선행적으로 요구되겠지만 무엇보다 정확한 정보가 적시에 제공되어야 한다. 문제해결 관점에서 보면 조직관리의 핵심은 발생 가능한 문제를 예방하기 위한 사전관리의 완벽함에 있다. 예방관리가 소홀하여 일단 문제가 발생하면 피해가 속출하는 것은 물론 원상을 복구하는 데도 많은 시간과 비용이 들기 때문이다. 정상적으로 운영되는 성과관리 시스템이라면 과거에서부터 현재까지 모든 부서에서 수행되었거나 수행하고 있는 사업 및 과제와 관련된 데이터를 보유하고 있을 것이다. 따라서 책임자는 성과관리 시스템을 활용하여 사전적으로 조치를 해야 할 사항이나 이슈가 무엇인지를 미리 분석하고 대처할 수 있다. 성과관리 시스템이 그에 필요한 정보를 제공할 수 있는 훌륭한 도구이기 때문이다.

쉬어가기 성과 모니터링과 건강검진

우리가 정기적으로 병원에 가서 건강 검진을 받는 이유는 무엇일까? 몸의 컨디션이나 건강 상태가 어떤가를 확인하고 평가를 받기 위한 목적일 것이다. 의학이 발전하지 못했던 과거에는 몸에 이상 징후가 나타났을 때만 병원을 찾았다. 한마디로 병원이란 병을 치료하는 곳으로만 생각했을 뿐이며 예방의학이라는 개념조차 없었다. 또한, 사전 검진이나 예방을 위한 기술적 수단이 부족했던 것도 사실이다. 그 결과로 발생한 병을 치료하는 데 많은 비용과 노력을 들였던 것이다. 지금은 예방의학과 검진기술의 발달로 몸의 건강상태를 주기적으로 체크하고 그 정보를 활용하여 개개인에게 다양한 맞춤식 처방을 하고 있다. 여기에서 검진은 몸 전반에 대한 평가와 모니터링을 하는 일이다. 이 과정이 없다고 생각해보자. 의사는 무슨 근거와 정보를 가지고 몸의 컨디션 조절과 건강을 위한 예방적 조치를 취할 수 있겠는가? 결국, 검진결과를 활용하여 의사는 환자에게 적합한 솔루션을 제공할 수 있게 된 것이다. 이와 같은 과정을 통해 우리는 몸에서 발생할 수 있는 문제를 사전에 파악하고 예방함으로써 정신적으로나 육체적으로 더 나은 삶을 영위할 수 있다. 성과관리에서 모니터링과 평가가 무의미하다고 생각한다면 이는 건강관리에 필수적인 검진을 없애고 아무런 건강관련 정보나 대책도 없이 건강을 관리하겠다는 것과 무엇이 다른가?

4) 전략적 경영과 관리의 기반으로서 성과관리 시스템

어떤 조직도 영속적일 수는 없다. 조직은 내·외부 환경의 변화에 따라 상호작용을 하면서 살아가는 유기체이기 때문이다. 그런데 그와 같은 과정 속에서 어떤 조직은 승승장구 성장하는가 하면 어떤 조직은 도태되거나 정체상태에 있기도 하다. 그 원인은 무엇일까? 보는 관점에 따라 서로 의견이

다를 수 있겠지만 분명한 사실은 변화에 적응해 나아가는 통합적인 대응 역량에 차이가 있다는 점이다. 민간기업의 경우는 이와 같은 사실을 더욱 잘 보여준다. 제조업의 예를 들어보자. 회사의 규모가 크지 않을 때는 판매와 생산만 어느 정도 뒷받침되면 회사는 큰 문제없이 나름대로 순항할 수 있다. 그러나 회사의 매출규모와 더불어 인원이 늘고 취급하는 제품의 숫자가 증가하면 판매와 생산만 잘해서는 결코 회사의 지속적인 성장을 보장할 수 없다. 동일한 산업에 속한 같은 수준의 기업 간에도 성장의 속도가 다르다. 그것에 대한 핵심 원인은 다름 아닌 기술과 경영관리 역량에 있다는 사실이다. 회사가 지속가능한 성장을 위해서는 두 가지 접근이 필요하다. 하나는 회사가 어떤 방향으로 나아가야 할지 전략적 방향을 올바르게 설정하는 것이고 다른 하나는 현재 상존하고 있는 문제를 과감하게 혁신적으로 해결해 나가는 것이다. 이들의 성공을 위해서는 상시 각 분야별 성과를 모니터링하고 피드백함으로써 전략적으로 올바른 의사결정을 할 수 있는 관리기반을 갖춰야 한다. 왜냐하면, 조직의 경쟁력 수준은 그에 걸맞는 경영과 관리력의 수반을 필요로 하기 때문이다. 성과관리 시스템은 이와 같은 통합적인 경영 활동에 필요한 다양한 수단들을 보다 체계적으로 관리하는 데 없어서는 안 될 도구라 할 수 있다.

3

성과관리의 방법과 특징

1) 성과관리의 다양한 방법들

조직은 나름대로 다양한 특성을 지니고 있다. 이는 조직마다 제공하는 제품이나 서비스의 종류에 따라 생산과 운영방식이 다르고, 변화하는 환경 속에서 생존하는 방법에 차이가 있기 때문이다. 따라서 조직을 관리하는 방식과 시스템 또한 제각각이라는 표현이 옳을 듯하다. 성과를 관리하는 방법 역시 조직운영 및 관리의 한 축으로서 오랜 기간 동안 발전을 거듭해 온 것이 사실이다. 그중에는 우리에게 이미 잘 알려진 방법들도 있다. 이들의 공통적인 특징은 성과관리에 대한 나름의 철학과 컨셉이 반영되어 설계되어 있다는 점이다. 목표에 의한 관리(Management By Objective: MBO)나 균형성과관리(Balanced Score Card: BSC), OKR(Objective and Key Results), 스마트(SMART), 방침관리(Policy management), 종합생산성관리(Total Productivity Management: TPM), 통합품질관리(Total Quality Management: TQM) 모두 성과를 관리하기 위한 도구들이지만 그들만의 독특한 강점을 가지고 있다. 따라서 만능의 완벽한 성과관리 시스템은 존재하지 않는다. 성과관리를 도입하고자 할 경우에는 그 특성을 잘 파악한 후 조직의 여건에 맞는 시스템을 선택하고 다른 방법들을 보완적으로 활용할 필요가 있다.

2) 성과관리 방법의 특성

앞에서 언급한 성과관리 방법 중 많이 활용되는 BSC, MBO, OKR 등 대표적인 몇 가지 방법을 중심으로 그 특성을 살펴보자. 개발의 역사로 보면 MBO, BSC, OKR의 순서가 될 것이다. 이들은 조직의 환경이나 여건의 변화로 인해 설계 당시 전제가 되었던 강점들이 한계를 드러냄에 따라 이를 극복하기 위해 보완되고 발전된 형태라고 보아야 한다. 모두 조직의 경쟁력 향상에 필요한 성과를 체계적으로 관리하기 위한 것만은 의심할 여지가 없다. 다만, 성과관리의 접근방법과 강조하는 관점에 차이가 있을 뿐이다. 모든 방법은 전략적 사업이나 주요업무 혹은 그 수행에 필요한 시스템을 대상으로 성과를 이끌어 내도록 설계되어 있다. 그리고 공통적으로 사업이나 과제의 결과라는 성과에 초점을 맞춘다. 성과관리의 관점에서 보면 BSC가 비전과 전략지향적이고 MBO는 사업이나 업무 목표별 중심인데 비해 OKR은 비교적 광범위한 영역 중 핵심적인 부분을 다룬다. 또한, 기존의 성과관리가 연간 목표를 중심으로 과정과 결과를 관리해오던 것에 비해 OKR은 행동지향적이고 단기적인 성과(보통 3개월)를 중시한다. 위에 언급한 기법을 중심으로 몇 가지 특성들을 간략하게 요약해 본다.

<표 1-2> 성과관리 방법 간의 비교

구분	BSC (Balanced Score Card)	MBO (Management By Objective)	OKR (Objective and Key Results)
관리대상	비전과 전략	업무목표	선택된 핵심적인 테마
관리기간	단, 중기적 접근	단기적 접근	초 단기적 접근
관리방식	Top Down +Bottom Up	Top Down +Bottom Up	Bottom Up
목표설정 방식	연간 목표설정	연간 목표설정	분기 목표설정
적합한 환경	환경변화의 영향도가 작은 조직	환경변화의 영향도가 작은 조직	환경변화의 영향도가 큰 조직
결과와 보상	• 직접연계(승진, 급여) • 목표달성에 따른 서열형 보상(목표미달 시 불이익 가능)	• 직접연계(승진, 급여) • 목표달성에 따른 서열형 보상(목표미달 시 불이익 가능)	• 간접연계(승진, 급여) • 서열형 보상 무관(목표 미달 시 불이익 없음)
피드백 주기	월 단위	월 단위	월. 주. 일 단위
특징 및 포인트	전사, 부서 간의 정렬·연계: KPI(핵심 성과지표), 목표배분 및 설정	전사, 부서, 개인 간의 정렬, 목표배분, 목표설정	• 조직 전체가 동일 사안에 관심집중 유도 • 전사, 팀, 개인 중심의 실행(선택과 집중, 자율 강조, 도전, 추적가능, 실패용인)

3) 성과관리 방법의 유형

가. 전사적 성과관리와 핵심과제 중심 성과관리

성과를 어느 영역까지 관리할 것인가에 대해서는 성과관리 도입을 위한 기본방향 단계에서 결정해야 할 사항이다. 전사 차원에서 모든 부서의 주요 업무나 사업을 대상으로 할 것인지 아니면 전략적으로 당장 해결해야 할 이슈를 과제로 선정하여 그때 그때 프로젝트 성격으로 추진할 것인지에 따라 성과관리의 방식도 달라진다. 전자의 경우 전사적인 성과관리 체계를 기반으로 추진하므로 우선 성과관리를 전개하는 틀이나 성과관리 구조를 고민하고 정해진 절차에 따라 후속 작업을 한다. 그러나 후자의 경우에는 주기적으로 이슈가 되는 과제를 설정하고 이를 해결하는 데 적합한 방법과 프로세스에 따라 모니터링하고 피드백하는 과정 관리에 초점을 맞추어야 한다. 어느 방법이 더 효율적이고 효과적인가에 대해서는 일률적으로 말할 수는 없다. 이는 방법의 문제라기보다는 의사결정의 문제이기 때문이다. 회사가 처한 상황이나 경영자의 의지에 따라 관점과 논의의 포인트가 달라진다고 볼 수 있다. 앞에서 언급한 성과관리방법으로 볼 때 전사적 성과관리는 BSC나 MBO이며 핵심과제의 실행을 통한 결과에 집중하고 있는 방법이 OKR(Objective and Key Results)이라고 볼 수 있다. 그러나 성과 창출이라는 지향점과 목표는 같다. 다만, OKR은 전사적 목표가 매우 적은(전사의 경우 2~5개 정도) 대신 목표별로 직접 실행해야 하는 활동을 팀 혹은 개인별로 설정하여 철저하게 피드백하고 공유하는 것이 특징이다.

나. 통합적 성과관리와 특정 분야의 성과관리

성과관리의 접근방법 중에는 조직의 전체 성과를 관리하는 유형과 어느 특정 분야를 강조하여 성과를 관리하는 유형이 있다. 균형성과관리(BSC)나 목표에 의한 관리(MBO)방법이 조직 전체의 성과를 관리하는 방식이라면 통합품질관리(TQM)는 품질 분야를 기반으로 성과를 관리한다. 따라서 전자는 조직 전체의 미션과 비전으로부터 Top Down식으로 관리를 한다. 한편 분야 중심의 성과관리는 해당 분야의 최종 목적을 설정하고 이를 달성하기 위한 수단들을 추출하여 성과와 연계한다. 어느 방법이 더 효과적인가는 일률적으로 말할 수 없다. 사용하는 목적에 따라 선택해야 하는 문제이기 때문이다.

다. 탑다운(Top Down)과 바텀업(Bottom Up) 기반의 성과관리

성과관리는 미션과 비전으로부터 출발하여 하부로 전개하는 방식과 구성원의 업무에서 출발하여 전략적 목표로 연계하는 방식으로 구분해 볼 수도 있다. 전자는 균형성과관리(Balanced Score Card: BSC)가 대표적이며 후자는 목표에 의한 관리(Management By Objective: MBO)가 이에 가까운 편이라고 할 수 있을 것이다. 그러나 두 가지 방법 모두 하나의 접근방식만을 절대적으로 사용하기보다는 상호 혼용하고 있다고 보아야 한다. 한편, 최근에 유행하고 있는 OKR(Objective and Key Results)은 전사적인 사안에 대해 실행력을 높이기 위해 바텀업(Bottom Up) 방식을 활용하고 있다. 따라서 BSC는 미션과 비전으로부터 전략목표를 설정하고 이를 달성하기 위한 전략과제를 확정한다. 전략과제의 달성 정도를 기준으로 성과를 측정하고 관리하는데 이때 KPI(Key Performance Indicator)라고 하는 핵심 성과지표를 활용한다. 그에 비해 MBO는 단위 조직별 개인별 업무에 대해 목표를 설정하고 그 목표에 대한 달성 정도를 측정하여 성과를 평가하고 관리한다. OKR 역시 KPI를 활용하고 있으며 개인단위의 활동에 중점을 두어 일. 주. 월 단위로 피드백하는 방식이 다른 성과관리 방법과 다른 점이다. 일반적으로 많은 조직의 성과관리의 방식은 탑다운(Top Down)과 바텀업(Bottom Up) 방식을 병행적으로 활용한다.

4) 전략적 성과관리와 전략 중심의 조직

이론적으로 가장 바람직한 성과관리 시스템은 어떤 유형이어야 할까? 아마도 조직의 경쟁우위를 통한 지속 가능한 성장에 적합한 시스템이어야 할 것이다. 이는 곧 조직의 현재와 미래를 동시에 관리하면서 전체를 균형적으로 통합할 수 있는 시스템을 의미한다고 볼 수 있다. 여기에서는 이를 전략적 성과관리라고 명명하기로 한다. 조직의 중장기전략을 보다 체계적으로 관리하면서 구체적인 성과로 연결할 수 있는 탑다운의 특성을 가진 성과관리 유형이 전략적 성과관리방식이다. 전략적 성과관리는 조직을 빈틈없이 관리하고 운영하는 데 있어 매우 효과적인 관리체계라 할 수 있다. 성공적인 경영을 위해 필요한 정보를 전략적 성과관리 시스템 만큼 체계적으로 제공할 수 있는 수단이 없기 때문이다. 어떤 조직이든 전략목표나 전략과제의 수행 없이 경쟁력을 확보할 수는 없다. 많은 전략과제와 주요 업무들이 성과관리체계라는 틀 안에서 Top Down방식에 의해 목표가 Cascading(순차적 세분화) 되고 역으로 하부의 목표가 상위의 목표를 달성시켜 가는 전략중심의 조직이 필요하다. 이는 전략적 성과관리가 조직의 미션과 비전 그리고 전략목표가 어떻게 달성 가능하며 어떤 과정을 통해 달성되는지를 한눈에 보여주는 나침판의 역할을 수행하기 때문이다. 따라서 성과관리는 중요한 과제나 사업들의 주기적인 평가를 통해 당초의 목표대로 조직이 제대로 나아가고 있는지를 알려 준다. 이와 같은 과정을 통해 조직은 전략중심의 경영시스템을 내재화할 수 있다.

5) 전략적 성과관리의 영역과 범위

성과관리가 그 위력을 발휘하기 위해 커버하는 영역과 범위는 어디까지일까? 명확하게 그 한계를 정하고 있지는 않다. 다만, 특정분야의 성과를 관리하기 위한 경우를 제외하고는 일반적으로 전략적 성과관리는 조직의 상·하 모든 부문을 망라한다. 특히, 조직의 전략체계를 구현하기 위한 수단으로 성과관리를 운영하는 경우 최상위 개념에는 미션과 비전을 위치시킨다. 그 하부에 미션과 비전을 구현하기 위한 전략적 수단들을 전략목표와 전략과제 형식으로 연계한다. 그러므로 하부의 많은 과제나 사업들이 성과를 제대로 창출하지 못하면 전략목표나 비전 달성은 요원해질 수 밖에 없다. 그와 같은 측면에서 보면 성과관리 영역은 미션, 비전에서부터 사업과 업무영역에 이르기까지 조직 전체를 포괄한다고 할 수 있다. 밸류체인을 중시하는 기업의 경우에는 가치를 창출하는 모든 사업부 혹은 기능분야가 서로 연계되는 프로세스를 중심으로 성과관리가 이루어질 때 더욱 강력한 효과를 발휘할 수 있다.

결론적으로 전략적 성과관리의 영역은 민간이나 공공부문 할 것 없이 모든 형태의 조직에 공통적으로 적용 가능하다.

6) 전략적 성과관리의 한계점

성과관리가 만능의 수단인가? 훌륭한 성과관리 시스템은 조직의 모든 것을 해결할 수 있는가? 물론 그렇지는 않다. 그러나 적어도 조직의 경쟁력을 확보하기 위한 기반으로서 그 역할이 지대함은 말할 필요가 없다. 아무리 뛰어난 경영자라 하더라도 시스템의 도움을 받지 않고 조직 내의 모든 전략과제나 주요사업들이 어떻게 진행되고 있는지, 어느 정도의 성과를 창출하고 있는지 명확하게 파악할 수는 없다.

그러나 주요 경영과제나 사업에 관한 정확한 정보가 신속하게 필요할 때 특히, 전체 상황에 대한 현황 파악을 통해 빠른 의사결정을 해야 할 때 그 시스템이 제대로 대응을 못한다면 그것은 큰 문제가 아닐 수 없다. 그렇다면 시시각각 변화하는 상황에서 최적의 의사결정을 위해 회사는 어떤 관리시스템을 구축해야 하는가? 적시에 입체적인 정보제공이 가능한 그리고 구성원들이 필요한 정보를 쉽게 얻을 수 있는 시스템을 구축해야 한다. 그렇지 않고는 시스템을 운영하는 것이 별로 의미가 없기 때문이다. 성과관리 시스템은 스스로 의사결정을 해주거나 그 의사결정 자체를 위한 행위는 불가능하다. 성과관리 시스템은 어디까지나 경영자의 의사결정에 필요한 1차적 정보를 제공하는 기능을 수행하는 지원자적 역할을 수행할 뿐이다.

4

성과관리에 대한 오해와 잘못된 인식

1) 성과관리는 노동착취의 수단?

가. 성과를 관리하지 않는다면 무엇을 관리할까?

전략적 성과관리는 조직에서 없어서는 안 될 관리의 핵심요소임을 이미 강조한 바 있다. 그럼에도 불구하고 성과관리에 대해 부정적인 생각을 하거나 무용론을 주장하는 이들이 있다. 일견 맞는 말처럼 느껴질지 모르지만 조직에 대한 이해가 전혀 없거나 성과관리의 극히 한 단면만을 보는 경우가 대부분이다. 그들의 주장에 의하면 성과관리는 구성원들의 경쟁을 기반으로 조직의 생산성을 더욱 향상시키기 위한 수단에 불과하다는 것이다. 더 나아가 성과관리를 노동착취라고 주장하는 이들도 있다. 그렇다면 역으로 생각해보자. 모든 조직은 비전과 추구하는 목표가 있기 마련이다. 목표달성을 통해 성과를 창출하고 그 성과를 위해 일정한 기준과 역할에 맞게 업무를 합리적으로 배분하면서 팀 활동을 기반으로 조직과 구성원들이 함께 성장해 나아간다.

이는 조직의 건전한 생존과 성장을 위해 반드시 고려해야 할 사항이다. 그런데 조직이 주체적으로 달성해야 할 목표와 성과를 관리하지 않으면 무엇을 하겠다는 것인가? 그것을 부정하면 조직의 존립 자체가 불가능하게 되는 데도 말이다. 조직 구성원 외에 회사 업무를 대신 해주고 성과를 만들어 줄 수 있는 사람은 어디에도 없다. 결국, 조직이 스스로 목표나 성과를 관리할 수밖에 없다면 그 주체는 누가 되어야 하는가? 구성원의 몫으로 귀결될 수밖에 없음은 너무나 명백하지 않는가?

나. 진정한 성과관리는 내부갈등을 예방하는 주사약

어떤 조직에서든 구성원 간 선의의 경쟁은 정도의 차이가 있을 뿐 불가피하게 나타날 수밖에 없는 현상이라 할 수 있다. 이는 사회생활의 모든 영역에서 자연스럽게 나타나는 모습이기 때문이다. 그 선의의 경쟁을 갈등의 관계가 아닌 시너지 창출로 유도할 수 있다면 조직관리는 대단히 성공했다고 볼 수 있다. 대부분의 조직 내부의 문제는 여기에서부터 출발하기 때문이다.

구성원들에게 성과관리가 부담으로 작용할 수는 있지만 조직에서 성과관리를 하지 않는다고 해서 경쟁이 없어지는 것은 결코 아니다. 성과의 평가 결과를 활용하여 구성원들에게 인센티브를 부여할 때 어떤 기준이 합리적인 것인지 생각해보자. 창출한 성과의 기여도나 유사한 수준의 관련 기준 외에 더 합리적인 것이 있을까? 예를 들면, 개개인의 인간성이나 신체조건 등으로 직원 간 승진이나 성과급을 차등 적용한다면 어떤 현상이 발생할까? 상상하기도 힘든 더 많은 문제가 초래될 것은 불을 보듯 뻔하다. 이는 합리적인 경쟁을 위한 평가 기준으로서 공감대 형성이 불가능하기 때문이다. 모든 회사가 성과를 중심으로 부서와 개인을 평가하고 그 결과를 활용하는 관리 방식으로 이를 선택한 것은 그동안 엄청난 시행착오의 결과로 만들어진 것이라는 사실을 기억할 필요가 있다. 결론적으로 진정한 성과관리는 조직의 안정적인 운영과 구성원들 간의 갈등해소는 물론 동기를 부여하는 데 있어 기본적인 수단임을 인식해야 한다.

쉬어가기 **대학입학 시험을 몸무게로 치른다면?**

만약 대학 입시생 선발을 수학능력이나 본시험 등 학업성적으로 선발하지 않고 다른 기준을 적용한다면 어떻게 될까? 외모 혹은 키나 몸무게를 기준으로 합격생을 뽑고 인재를 선발한다면 그것이 올바른 방법일까? 아마도 그것은 외모나 신체조건을 중시하는 모델선발대회의 목적에나 적합한 기준이 될 수 있다. 따라서 대학의 교육을 받을 수 있는 지적능력과 사고력이 중요한 입시에서는 외모나 키가 의미 있는 기준이 될 수 없음은 당연하다고 할 수 있다. 또한, 입시경쟁의 원인이 되는 수학능력시험이나 본고사 같은 시험을 없애는 것으로 경쟁으로 인한 갈등을 제거할 수 있을까? 그렇지 않다. 시험이나 학업성적이 아닌 다른 평가 기준으로 학생을 선발한다면 훨씬 더 큰 갈등과 혼란이 발생할 것이다. 공급과 수요가 불일치한 곳에서는 어디나 경쟁이 있기 마련이다. 수요자측은 공급자측에 대해 목적에 맞는 기준을 제시하고, 공급자 중에서 그 기준에 최적인 순서대로 대상자를 평가하고 선정하는 것이 합리적인 방법이다.

2) 성과관리는 득보다 실이 많다?

성과관리는 과연 득보다 실이 많은가? 절대 그렇지 않다. 조직에서의 현실은 성과관리에 대해 많은 부분이 왜곡되어 있는 것이 사실이다. 긍정적인 면보다는 부정적인 면이 오히려 급속하게 전파되거나 널리 공감대를 형성하고 있는 조직도 있다. 이는 성과관리를 하고 싶지 않은 사람들 혹은 이해하지 못한 사람들에 의해 일부 역기능적인 내용들이 확대 재생산되기 때문이다. 물론 장점이 많은 제도임에도 성과관리의 전반적인 운영과정에서 나타난 작은 문제들에 대해 조직 차원에서 이를 체계적으로 대처하지 못한 측면도 있다.

그럼에도 불구하고 앞서가는 많은 선진 조직들이 이를 도입하고 고도화하는 이유는 그 역기능에 비해 순기능이 훨씬 크기 때문이다. 조직 구성원이라면 누구나 조직의 비전이나 전략목표를 달성하기 위해 이를 체계적으로 관리하는 방법이 필요하다는 데에는 이견이 없을 것이다. 지구상의 어떤 조직도 성과관리 시스템이 필요 없는 곳은 존재하지 않는다. 각 조직이 추구하는 성과의 형태는 다르더라도 이를 지속적으로 만들어 내지 않고 살아남을 수 있는 조직은 없기 때문이다. 성과관리 시스템은 조직이 보다 높은 경쟁력을 확보하기 위한 관리의 수단으로서 반드시 필요하다. 일정한 기간 내에 달성해야 할 목표를 계획하고 이를 체계적인 방법으로 실행에 옮기면서 성과를 도출하고 모니터링하는 성과관리 시스템이 없이는 체계적인 관리를 위한 기반이 없는 것이나 마찬가지이기 때문이다. 성과를 관리하고 그 시스템을 우리 조직에 적용하는 데 어려움이 있다고 말할 수는 있어도 필요 없다고 말하는 것, 득보다 실이 많다고 주장하는 것은 성과관리 시스템에 대한 스스로의 이해력을 먼저 의심하는 것이 옳은 성찰이다.

3) 성과관리는 조직의 발전과 무관하다?

가. 과거의 관리방식으로 급변하는 환경에 적응은 곤란

성과관리 시스템이 없어도 조직은 성장할 수 있다? 그 말이 틀린 것은 아니다. 다만, 성장에 기여하는 다른 요인들이 있다면 말이다. 관리가 부실하다고 해서 조직이 당장 문제가 되는 것은 아니기 때문이다. 그러나 경영의 문제는 지속가능한 성장을 항상 고려해야 한다. 화려한 과거의 영광을 재현할 수 있거나 더 나아질 수만 있다면 과거의 방식을 고수해도 무리가 없다. 그러나 그렇게 해서는 경쟁에 낙오되거나 현 상황의 유지도 어렵기 때문에 변화를 요구하는 것이다. 성과관리도 마찬가지이다. 고도 성장기에는 너나 할 것 없이 대소의 차이는 있지만 외적 환경의 도움으로 성장이 수월한 편이었다. 그러나 이제는 경쟁방식 자체는 물론 경영관리방식의 변화도 빠른 속도로 진화하고 있다. 단순한 집계 일변도의 실적관리와 주먹구구식의 감각이 통했던 성과관리 방식 역시 변화의 중심에 서 있다. 조직은 여러 가지 상황을 고려하여 달성해야 할 비전과 전략목표를 설정하고 이를 달성해가는 과정을 보다 체계적으로 관리하지 않으면 더 이상의 성장을 기대할 수 없는 환경으로 바뀌어버린 것이다. 지금까지의 성공방식으로 미래를 담보할 수 있는 시대는 이미 지나갔다.

나. 관리의 수준도 계속 진화 그리고 혁신 중...

과거의 방식에 얽매이면 더 이상의 발전과 성장은 없다. 과거에 적용되던 게임의 룰이 사라졌기 때문이다. 선진 조직들이 성과관리 시스템을 도입하고 단계적으로 고도화하는 이유가 바로 여기에 있다. 성과관리 시스템이 본격적으로 도입되기 전의 조직은 어떠했는가? 당연히 경험에 의한 관리가 주를 이루었고 하부로부터 보고를 받지 않고는 전체 상황을 파악할 수 있는 방법이 없었다. 의사결정에 필요한 정보를 얻기 위해서는 별도의 지시와 보고절차를 거쳐야 했고, 그러다 보니 결과적으로 의사결정의 타이밍을 놓치는 경우도 많았다. 그러나 성과관리 시스템이 도입된 이후부터 전략목표나 전략과제가 어느 정도 달성되었는지 마음만 먹으면 몇 분 이내로 추적이 가능하게 되었다. 그만큼 신속하고도 정확한 의사결정이 가능하게 된 것은 성과관리 시스템의 운영 덕분이다. 성과관리 시스템의 활용도가 높을수록 신속하고 정확한 의사결정이 가능하므로 더 빨라진 환경변화에 대응하려면 더 고도화된 성과관리 시스템이 필요한 것은 지극히 당연하다고 할 것이다.

쉬어가기 **목적을 망각한 보고서**

과거의 고도 성장기에는 대체로 제품을 만들면 팔리는 시대였다. 따라서 많은 기업은 성장 기반으로 경영계획을 작성하는 것이 일반적이었다. 그런데 A기업의 경우 갑작스런 환경 변화로 연초의 예측이 빗나가 모든 경영계획을 수정할 수밖에 없었다. 장치산업의 특성상 생산의 중단과 재개를 유연하게 할 수 있는 업종이 아니었다. 생산의 중단은 설비 전체를 다시 세팅해야 하는 까닭에 고액의 투자가 수반되었다. 불황이 생각보다 길어지고 있었다. 제품 재고가 산더미처럼 쌓여 갔다. 급기야 최고 경영자는 향후 6개월 정도 제품을 보관해야 할 야적장을 확보하기 위한 새로운 의사결정을 해야 했다. 생산임원에게 현재의 재고상황과 향후 제품 재고량을 파악하라고 지시했다. 사장의 지시는 생산임원을 통해 3곳의 공장장들에게 그리고 다시 생산과장들에게 전달되었다. 공장별로 창고에 있는 재고를 기종별, 생산 로트별, 품질 등급별 등 입체적인 방식으로 분류하고, 밖에 야적된 장소의 재고 역시 제품 특성별로 도면에 수량과 관련정보를 표시했다. 회의는 무려 4차례나 본사에서 개최되었다. 보고서의 작성과 수정은 셀 수도 없었다. 최고경영자의 지시이니 최선을 다해 보고서를 준비했지만 그 보고서의 목적이 무엇인지에 대해서는 고민해보지 않았던 것이다. 큰 틀에서 최종 의사결정을 위한 재고파악에 그 많은 단계와 절차가 과연 필요한 것이었을까? 기존의 관리방식에 따른 비효율의 전형적인 모습이라 할 수 있다. 아마 성과관리 시스템이 제대로 작동되었다면 주요항목(제품 기종별, 생산 로트 등)별 지표와 데이터를 활용하여 단 몇 시간 내에 다양한 관점에서 최적의 시뮬레이션과 의사결정이 가능했을 것이다. 물론 수많은 회의와 지시·보고를 포함한 다단계의 활동 역시 필요하지 않았을 것이며 시간도 많이 절약되었을 것이다. 현장으로부터 보고가 없으면 현업의 상황파악이 안된다? 하부로부터 정보가 생산되지 않으면 책임자가 정확하고 신속한 의사결정이 어렵다? 왜 그렇게 될 수밖에 없는가? 그 이유는 무엇일까? 결론적으로 부서와 개인별 성과가 체계적으로 관리만 된다면 상황은 크게 달라질 수 있다.

4) 성과관리는 우리 조직에 적합하지 않다?

가. 우리 조직에 딱 맞는 시스템은 언제나 가능할지...

'이것은 우리 조직에 맞지 않아' 이 말은 어디에서나 흔하게 들을 수 있는 얘기이다. 비단 성과관리 시스템에 한정된 문제는 아니다. 새로운 변화나 혁신을 모색하려 할 때 항상 단골처럼 나오는 얘기 중 하나이기 때문이다. 그렇다면 지금 내부에서 운영하고 있는 제도나 시스템은 처음부터 잘 맞았을까? 그래서 지금은 그 시스템들에 대해 만족해하는가? '그렇다'라고 답하기 쉽지 않을 것이다. 우리는 그동안 많은 시간의 투입과 노력의 결과로 그것들을 개선해 왔거나 아니면 우리가 그 시스템에 반강제적으로 적응되어가고 있다고 보는 것이 맞다. 인간은 항상 더 편하고 익숙한 쪽을 선호하기 때문에 변화에는 저항이 수반된다. 설령 지금 잘 운영되고 있는 시스템이라고 하더라도 처음 도입 시에는 저항이 있었을 것이고 이를 극복한 결과 오늘의 수준에 이르게 되었다. 선진국의 많은 조직들이 이미 사용하고 있는 성과관리 시스템마저 이전 저런 핑계로 그 도입을 회피하거나 운영에 불만을 가진다면 어떻게 하겠다는 것인가? 그렇다면 우리에게 딱 맞는 시스템은 언제쯤 가능할까? 불가능한 얘기다. 아마도 '나는 성과관리 시스템을 반대한다'라는 말을 그럴듯한 명분으로 포장해서 '우리 조직에 안 맞다'라고 표현하는 것이 아닌가? 성장과 발전에는 용기도 필요하다. 전체적인 컨셉과 전략적인 방향이 맞다면 과감한 도입과 실행이라는 결정이 요구된다. 그렇다고 무턱대고 성과관리 시스템을 적용해야 한다는 의미는 아니다. 회사의 수준이나 여건으로 보아 새로운 시스템의 도입과 운영시점이 적절하다면 '우리에게 맞지 않아!'라는 말보다는 '어떻게 이를 우리 조직에 적합하게 활용하고 고도화할 수 있을까?'를 고민해야 할 것이다.

나. 성과관리를 싫어하는 자=무임승차를 원하는 자

성과관리를 비판적 시각으로 보는 사람들은 목표나 성과라는 개념 자체가 자신을 귀찮게 하거나 통제하는 존재로 여긴다. 자신이 목표나 성과를 관리하는 주체라고 생각하기보다는 오히려 이들에게 관리당하는 객체로 스스로를 전락시켜버린다. 그 결과 조직에 필요한 성과관리가 구성원들에게 회피대상으로 등극한다. 사회에서와 마찬가지로 나쁜 것은 조직에 빠른 속도로 전파되고 전염되는 법이다. 따라서 초기부터 조직차원의 긍정적 변화를 위한 적절한 조치를 하지 않으면 성과관리 시스템은 구성원들에게 점차 기피 대상으로 인식되어 간다. 성과관리 시스템을 부정하고 역기능을 강조하는 자가 극소수라 하더라도 이들은 자신의 목소리를 높이면서 동조하는 그룹을 만들어 가는 반면 그 반대 편에 있는 이들은 크게 목소리를 내지 않는 것이 일반적이기 때문이다. 결국은 자신이 하기 싫은 것을 조직에 불필요한 것이라는 궤변으로 의도적 합리성을 강화시킨다. 더욱 아이러니한 현상이 발생하기도 한다. 이들은 성과관리 시스템을 통해 다른 구성원들이 창출한 성과나 인센티브라는 열매를 같이 공유하는 데 있어서는 전혀 미안한 기색이 없다. 한마디로 무임승차를 원한다. 다만 겉으로는 그렇지 않은 것처럼 가식적 행위를 할 뿐이다. 물론 성과관리 시스템이 본인의 성격이나 업무 특성상 잘 맞지 않을 수 있다. 그렇다고 해서 성과관리를 비판의 대상으로 삼거나 활용가치를 무시할 수 있는 권한까지 갖는 것은 아니다.

5) 합리적인 평가기준 없이 구성원의 성과를 측정한다?

성과관리 시스템을 활용하지 않아도 구성원 개개인의 평가는 가능할 수 있다. 보다 과학적이고 체계적인 방법을 적용하지 않아서 합리성이 부족할 가능성이 높을 뿐이다. 성과평가가 이루어지면 서열화는 당연히 수반된다. 대부분의 사람들은 이해관계가 존재하는 사안에 대한 의사결정을 할 때 특히, 서열화를 시도할 때 매우 민감해진다. 이때 평가기준에 대한 합리성을 따지기 때문이다. 합리성이 결여된 평가기준은 사후에 갈등을 야기할 수 있는 가능성이 매우 높다. 따라서 구성원들에게 공감대가 형성되지 않은 평가기준으로 서열화를 시도하는 것 자체가 큰 리스크를 안고 가는 것과 같다. 정확하고 분명한 기준이 없으면서 구성원들의 조직에 대한 성과 기여 정도를 잘 평가할 수 있다는 것은 너무나 안이한 생각이다. 단순한 업무를 처리하는 아무리 작은 조직이라 하더라도 평가의 결과에 대해 구성원들 모두가 수용하는 경우는 별로 없다. 이는 구성원 각자가 생각하는 조직에 대한 성과 기여에 대한 기준이 서로 다르기 때문이다. 따라서, 이를 무시하는 것 자체가 평가시스템에 대한 불신을 만드는 결과를 초래한다. 세상에 완벽한 제도나 시스템은 존재하지 않는다. 그러므로 평가에 있어서도 균형된 시각과 합리적 방법을 통한 공정성이 요구된다. 조직에서는 부서나 개인별로 기여한 성과에 대해 사전에 평가기준을 선정하고 공감대가 형성된 상태에서 이를 적용할 수밖에 없는 이유가 여기에 있다.

6) 성과관리 시스템이 없으면 편하다?

'우리 조직에는 평가시스템이 없다'라고 누군가 말한다면 조직생활을 경험했던 사람들은 어떻게 반응을 할까? '그렇다면 회사는 직원에 대해 평가를 하지 않나요?' '그럼 승진이나 성과급 지급은 무엇을 기준으로 어떻게 해요?' 등의 질문이 나올 것이다. 조직에 평가시스템이 없다면 대부분의 직원들 입장에서는 당연히 불안할 수밖에 없다. 평가과정과 피드백 그리고 보상을 통해 자신의 목표나 미래를 설계할 수 있기 때문이다. 다시 말해 조직 내부에 평가가 없다면 개인들로서는 그동안 창출한 업적에 대해 어떻게 평가를 받고 어떤 보상을 받아야 하는지 고민이 아닐 수 없다. 대부분의 구성원들은 평가시스템이 체계적이지 못하고 투명하지 않을 때 불안감과 불만을 많이 느낀다. 특히, 평가에 대한 피드백이 적절하지 못하거나 의미가 없을 때 좌절과 분노를 맛보기도 한다. 내가 그 고생을 왜 했는지 꼭 그것을 했어야 하는지 혼란스럽기 때문일 것이다. 누구나 평가를 좋아하는 사람은 별로 없지만 세상 어디에도 평가가 없는 천국은 있을 수 없다. 조직이나 개인을 떠나 평가가 언제 어디서나 항상 필요한 것은 발전을 위한 디딤돌이 되기 때문이다. 결론부터 말하자면 성과를 기준으로 하는 평가가 싫더라도 그래도 다른 기준으로 평가하는 것보다는 합리적이다. 그리고 성과관리 시스템을 이용한 평가가 그것도 없이 주먹구구식으로 하는 평가보다 훨씬 체계적이고 편리하다는 점이다.

7) 균일한 보상보다 차등 보상에 더 불만이 많다?

가. 보이지 않는 것까지를 고려하지 못하면 근시안...

어떤 사항을 의사결정 할 때 혹은 대안을 제시할 때 반드시 고려해야 할 사항 중 하나가 균형적 시각이다. 성과관리의 결과 활용에서 나타나는 보상 문제도 마찬가지이다. 예를 들면, 상여금이나 성과급의 지급 이후에 나타나는 반응을 보자. 찬성보다는 불만들이 더 많다. 이는 우수 이상의 평가를 받는 그룹보다 보통 이하의 평가를 받는 그룹의 인원이 상대적으로 많기 때문이다. 또한, 전자는 조용한 반면 후자는 말과 행동이 표면화되어 실제보다 많아 보이는 측면도 있다. 누구나 할 것 없이 많은 보너스를 받는 것은 좋은 일이다. 그러나 모든 조직은 자원의 제약 때문에 무턱대고 많이 줄 수 없는 것이 현실이다. 이처럼 자원의 한계가 있을 때 전략적 판단이 필요하다. 결론부터 말하자면 노력의 투입과 성과창출 정도를 고려한 차등배분이 균등 배분보다 합리적이다. 또 그렇게 하는 것이 개인과 조직발전에 더 강한 동기를 부여한다. 이때 어느 정도의 차등이 적절한가? 그에 대한 정답은 없다. 상황과 여건을 종합적으로 고려하여 의사결정자가 합리적인 수준이라고 판단할 뿐이다.

그러나 이때 필요한 것이 균형적 시각이다. 동종 산업과 경쟁사 수준, 개인과 조직의 입장 그리고 좀 더 나아가 현재와 미래 관점도 동시에 고려해 볼 필요가 있다. 어느 것이 장단기적으로 조직과 개인을 위한 것인가가 판단의 기준이 된다. 성공적인 조직의 운영을 위해 최고경영자는 일반 직원들이 보지 못한 것 그리고 생각하지 못한 것까지를 고려하는 혜안을 가져야 한다. 당장의 이익이 장래에 더 큰 손실을 초래할 수도 있고 작은 것에 집착한 나머지 큰 것을 잃어버리는 우를 범하는 경우들이 얼마든지 있기 때문이다.

나. 보상에 대한 차등화가 불만의 원인?

대부분의 의사결정에는 찬성과 반대가 상존한다. 따라서 좋은 의사결정을 위해서는 여러 가지 방법으로 찬성하지 않은 편의 의견을 참작하여 부정적 이슈를 감소시켜 가는 노력이 필요하다. 간혹 성과평가의 결과에 따른 보상 차등화가 성과관리에 있어 불만의 원인이라고 주장하는 이들이 있다. 그 논리는 보상에 대한 결정 과정의 입체적이고 전략적인 면을 보지 못한 데 있다. 관점을 완전히 달리해보자. 평가결과에 따른 보상에는 동의하는가? 이에 대해 불만이 있어서는 곤란하다. 적더라도 보상이 없는 것보다는 나을 것이므로... 그렇다면 어떻게 보상을 하는 것이 좋은가? 일반적인 경우 조직에서 실시하는 보상은 목적의 기여도에 따라 차등적용하는 것이 원칙이다. 그래야만 보상의 목적도 살리고 조직차원의 시너지 효과를 거둘 수 있기 때문이다. 보상의 차등적용이 객관적이고 공정하게 이루어진다면 두 가지 효과를 충분하게 거둘 수 있다. 보상의 차등화에 대한 불만 문제는 대부분 기준 혹은 공정성 문제 때문에 발생하는 것이 일반적이다. 따라서 차등적 보상 자체가 불만의 원인이라는 의견에 대해서는 동의하기 어렵다. 차등 보상이 문제가 있다면 균등한 보상은 바람직한가? 균등보상이 더 큰 불만의 원인이 되는 경우도 많은데 이는 어떻게 설명할 수 있는가? 좀 더 비약을 해보자. 보상에 대한 차등이 싫다면 자신이 더 어렵고 힘든 일을 하고도 그렇지 않은 사람들과 같은 급여와 대우를 받아도 좋다는 것인가? 수긍하기 어려울 것이다. 보상에 대한 보다 거시적이고 균형적이며 통합적인 시각을 가질 필요가 있다.

제 II 장
성과관리 시스템에 대한 성찰

1. 기존 성과관리에 대한 반성과 시사점

2. 성과관리 시스템이라는 포장에 가려져 있는 이슈들

3. 성과관리 시스템 운영과정에서 간과하고 있는 것들...

4. 기존 성과관리로부터 얻을 수 있는 인사이트(Insight)

1

기존 성과관리에 대한 반성과 시사점

1) 액자 속에서 잠자는 비전

가. 비전과 전략목표의 형식화

우리는 앞에서 성과관리가 왜 필요하고 그 목적이 무엇인지에 대해 논했다. 결론적으로 성과관리는 조직이 추구하고 있는 비전을 체계적으로 달성하고 이를 빈틈없이 관리하기 위한 도구라 할 수 있다. 그 목적을 차질없이 달성하기 위해서는 선정된 사업이나 과제의 진행 상황과 달성 수준을 실시간으로 모니터링하고 평가할 수 있어야 한다. 그런데, 지금 우리는 그렇게 하고 있는가? 그렇다면 이미 설정한 비전이 현시점에서 얼마나 달성되고 있는가를 자신있게 말할 수 있는가? 아마 그렇지 못한 것이 대부분의 현실이다. 비전은 도전적으로 설정해 놓고 거의 관리하지 않고 있다. 전략목표 역시 형식적이거나 상징적으로 제시되어 있고 그 하부에 속해있는 전략과제나 단위사업만 관리하고 있는 것은 아닌가? 이미 공표된 비전이 지지부진하거나 제대로 관리되지 않으면 조직에서 누군가는 의문을 제기해야 한다. 그런데 그렇지 못하다. 민간이나 공공부분이나 비전을 수립할 때만 떠들썩하고 그 이후에는 대체로 침묵으로 일관하고 있다. 심지어 구성원들이 비전조차 있는지 없는지 모르는 경우도 있다. 아마도 하부의 과제나 사업만 잘 추진되면 상위의 비전은 달성된다는 신념 아닌 신념을 가지고 있는 것 같다. 비전과 하부의 과제들은 이론상 목적과 수단관계로 설명하고 있을 뿐 실질적인 검증까지 하는 조직은 거의 없다. 따라서 하부의 요소들이 모두 달성되어도 비전의 달성 여부는 불투명하다. 그래서 더욱 비전 혹은 전략목표에 대한 체계적인 관리가 요구되는 것이다. 지금부터라도 이들을 어떻게 성공적으로 관리할 수 있는지에 대해 고민해야 한다.

나. 액자가 부끄러운 비전 선언문

비전은 왜 설정하는가? 남들에게 보여주기 위해서인가? 아니면 직원들에게 희망과 자부심 그리고 동기부여를 하기 위한 것인가? 필자가 다양한 조직을 컨설팅하면서 자주 품었던 의문이기도 하다. 액자 속에 들어가면 움직이지 않는 비전... 그 비전을 살아 움직이게 하려면 어떻게 해야 할까? 그에 걸맞는 체계적인 방법이 수반되어야 함에도 대부분은 비전을 관리하는 데 무관심하고 소홀히 하는 경향이 많다. 그 결과 비전은 큰 의미없는 문구 상태로 방치된 채 한동안 액자 속에 갇혀 있다가 책임자의 임기만료와 같이 사라지는 경우도 허다하다. 유효기간이 지나 휴지통으로 버려지거나 슬며시 사라지는 것이 비전이고 그것이 주변에서 우리가 흔히 볼 수 있는 비전의 관리 수준이다. 비전은 달성하기 위해서 존재한다. 그래서 달성이 되면 다음 단계의 새로운 비전으로 자연스럽게 교체되어야 한다. 하지만 그 유효기간이 구현 여부에 있는 것이 아니라 책임자의 임기와 수명을 같이 하는 신세가 되고 있다면 문제 아닌가? 비전은 대부분 매우 추상화되어 있거나 포괄적인 표현으로 함축적인 경우가 많다. 그래서 관리가 더욱 어렵고 고차원적이다. 따라서 체계적인 비전의 관리에 더 많은 연구와 노력이 필요하다. 그런데 현실은 어떤가? 외롭게 유효기간만을 기다리고 있는 형식적인 비전이라면... 부끄럽지 않은 비전이 되게 하려면 이를 모니터링하고 피드백을 통해 체계적으로 관리할 수 있는 시스템을 만들어야 하지 않을까?

쉬어가기 **정의되지 않고 공유되지 않는 비전**

비전은 달성을 전제로 한 장기 목표에 해당한다. 따라서 액자 속에 문구만 있는 비전의 신세를 벗어나게 하려면 지금까지 해오던 방법과는 달라야 한다. 언젠가 대한민국의 비전을 '선진화된 일류국가 창조'라고 설정한 적이 있다. 외견상 그럴듯했다. 설명을 듣고 나니 곧 선진국이 될 것 같은 느낌도 들어 기분은 나쁘지 않았다. 그 후 꽤 많은 시간이 흘렀다. 얼마나 비전이 달성되었을까 궁금했다. 국정관리용 홈페이지와 부처들의 전략체계 어디에도 그리고 많은 정부혁신 관련 회의에서도 비전의 달성에 대해 언급된 것이 없었다. 의문이 들기 시작했다. 그리고 스스로 고민을 해보았다. 어떻게 된 것이 선진화인가? 선진화된 국가의 모습은 어떤 것인가? 그에 따른 정의와 설명은 어디에도 없었다. 그렇다면 일류국가는 또 무엇인가? 세계 1등, 2등은 일류인가? 4등과 5등은 일류가 아닌가? 일류는 몇 등까지여야 할까? 또 과연 어느 분야가 1, 2등이어야 하는가? 머리가 복잡했다. 문제는 너무 추상화된 문구들을 개념 설명도 없이 그냥 사용하고 있었다는 점이다. 따라서 문장과 단어만 제시되어 있는 비전, 해석은 각자 알아서 하는 비전... 구성원들의 공감대가 형성될 리 만무하다. 또한, 용어에 대한 정의가 명확하지 않다보니 성과지표를 설계할 수 없고 지표가 없으니 목표치를 설정하기도 어려운 것은 당연하다. 그 결과는 곧 관리의 어려움으로 직결될 수밖에 없다.

다. 구성원의 공감이 없는 비전 문구

비전은 설정도 중요하지만 그에 못지않게 구성원들 간의 공감대 형성도 중요하다. 비전은 전사 차원에서 설계되므로 회사가 나아가야 할 방향성과 목표 지향점이 된다. 조직 전체의 구성원들이 정해진 한 방향으로 힘의 벡터를 모을 때 시너지는 극대화될 수 있다. 그래서 공감대 형성이 중요하다. 그렇다면 구체적인 비전의 달성과 그것을 위한 실행은 어떻게 이루어지는가? 결국, 구성원들에게 부여된 업무로부터 출발한다. 따라서 비전이 구성원 각자에게 어떤 의미로 와 닿는지는 매우 중요하다. 이는 조직의 비전이 구성원 자신의 업무와 직결되어 있다는 느낌이 강할수록 더 큰 애사심이 발휘될 수 있기 때문이다. 구성원들과의 비전에 대한 공감대를 잘 형성하고 있는 조직이 있는가 하면 아직도 비전이라는 형식만 갖추고 있는 조직도 많다. 아무리 훌륭한 비전을 설정했다 하더라도 공감대가 형성되지 못하고 감동이 없는 비전이라면 '그림의 떡'과 다를 바 없다. 많은 조직들이 비전을 설정하기는 하지만 달성 수준에 대해서는 함구하는 안타까운 현실에 머물러 있다. 듣기만 하고 보기만 해도 가슴이 울렁거려야 할 비전이 오히려 스스로에게 도전과 동기부여를 시키지 못하고 거추장스러운 대상으로 전락하고 있지 않은지 돌아보아야 할 일이다.

2) 전략과 연계되지 않는 성과관리체계

성과관리는 조직이 지향하는 전략을 차질없이 구현하기 위해 기대하는 성과를 잘 창출할 수 있도록 관리하는 시스템이다. 따라서 성과관리는 조직의 전략체계와 밀접하게 관련될 수밖에 없다. 구체적으로 보면 미션과 비전, 전략목표, 성과목표, 전략과제 혹은 핵심사업 등으로 계층을 이루면서 구조화된다. 따라서 미션, 비전으로부터 하부의 개별사업까지 Top Down의 구조적 설계가 중요한데 이 부분에서 충분한 검증이 이루어지지 않고 있다. 예를 들면, 전략목표 달성에 필요한 전략과제를 설정한 경우 그 관계는 목적과 수단의 관계가 성립되어야 하고 과제는 전략목표 달성에 충분조건이 되어야 한다. 그러나 현실은 그렇지 못하다. 그 결과는 전략과제가 완벽하게 수행되어도 전략목표가 달성이 되지 못하는 우를 범하게 된다. 성과관리체계가 이처럼 상하 간의 연계문제만 있는 것이 아니다. 목표달성에 있어 관련 부문이나 부서 간의 횡적 연계가 필수적임에도 불구하고 협업목표나 공통목표가 없다. 조직을 통합적 가치로 보는 밸류체인(Value Chain) 중심의 사고가 너무 부족한 탓이다. 많은 조직들이 그럴듯하게 형식을 갖추어 성과관리체계를 설계하고 있지만 내부를 좀 더 깊이 분석해보면 아쉬운 부분이 너무나 많은 것이 현실이다.

3) 낮은 궤도에서 맴돌고 있는 성과관리

국내 기업을 포함한 공공부문의 성과관리 수준에 대한 평가는 사람마다 보는 시각에 따라 다를 수 있다. 그러나 많은 전문가들은 성과관리 수준에 대해 높은 점수를 주지 않고 있다. 그 이유는 나름대로 성과관리를 하고 있다 하더라도 품질이 기대치에 미치지 못하기 때문이다. 대부분의 조직이 비전이나 전략목표를 달성하기 위해 나름대로 전략체계의 틀은 갖추고 있다. 그러나 과연 그것이 최적으로 설계되고 체계적으로 추진되는가에 대해서는 의문의 여지가 많다. 이는 비전이나 전략목표가 왜 필요한지, 이를 달성하기 위한 전략과제를 어떻게 설계해야 하는지 깊은 고민이 없는 상태에서 멋진 문구 작성에 매달렸기 때문일 수도 있다. 비전이나 전략목표의 표현은 정교하고 함축적이어야 한다. 그래서 대부분은 추상적인 단어가 많다. 그렇기 때문에 정확한 의미해석이 수반되어야 한다. 그렇지 않으면 비전이나 전략목표가 구체화 될 수 없고 그 결과로 하부 목표설정 또한 방향이 흔들릴 수 밖에 없다. 이는 하부 전략과제의 목표치가 달성되어도 상위의 전략목표가 달성되지 않는 기현상을 초래하는 원인이 되기도 한다. 성과관리를 잘하고 있다는 조직의 경우에도 이 부분에 대한 취약성은 크게 개선되지 않고 있는 것으로 보아 국내의 성과관리 수준이 아직은 본궤도에 올라와 있지 않음을 쉽게 알 수 있다. 성공적인 성과관리는 뼈대와 구조에 해당하는 체계부분과 이를 실행으로 연계시키는 운영관리 부분의 자연스러운 통합을 필요로 한다.

4) 잘못된 방향으로 열심히 달려가는 성과관리...

그렇다면 왜 성과관리와 관련된 많은 문제가 지금까지 개선되지 않고 있는가? 물론 최고경영자의 책임이 가장 크다고 할 수 있다. 성과관리는 성공적인 경영을 위한 기본적인 도구라 할 수 있기 때문이다. 그럼에도 불구하고 경영에 책임이 있는 관리자들마저 성과관리의 본질과 목적에 대한 철학이 명확하지 않은 경우가 많다. 구성원들 역시 기존의 성과관리 방식과 과거의 선례를 따르는 문화에 익숙해져 있다. 그것이 영구적으로 안전한 길인 것처럼 말이다. 새로운 성과관리 시스템으로 혁신을 위해서는 그 당위성을 기본으로 이를 추진해 나아가기 위한 강한 유인책이 있어야 한다. 이는 적어도 현재 성과관리의 불합리와 비효율을 감소시키고 보다 발전적인 시스템을 통해 조직과 개인의 성장이 가능하다는 신뢰와 공감대가 필요하다. 그러나 현실은 그렇지 못하다. 오히려 발전이 정체되어 있거나 부분적으로 퇴보하는 느낌마저 든다. 전략과의 연계성이 부족한 과제들, 도전적이지도 않고 구체성이 부족한 목표, 전략목표의 개선이 없는 부서별 지표와 목표치, 성과관리의 결과와 무관하게 이뤄지는 평가와 보상, 성과관리의 결과를 폭넓게 활용하지 않은 조직운영 등 매우 다양한 문제점들이 상존한다. 이처럼 지속발전 가능한 경쟁우위 확보에 필수적인 관리시스템이 노후화되어 제 기능을 발휘하지 못하고 있다. 비전과 전략목표, 부서별 목표는 있으나 이를 관리하는 방법이 진부화하고 형식적인데도 개선을 하지 않는다. 종종 구성원들은 '이렇게 해서는 안된다'고 말은 하지만 몇 년 동안 아무런 변화의 노력이 없다. 그런데도 이 같은 현상이 계속 되고 있다면 이 역시 괜찮은 것인가? 과연 우리는 조직의 경쟁력 향상을 위해 진정한 노력을 기울이고 있는가?

2

성과관리 시스템이라는 포장에 가려져 있는 이슈들

1) 수준 낮은 전략과제, 저부가가치 업무과다

가. 함량이 부족한 전략과제 도출

비전이나 전략목표의 달성에는 그에 걸맞는 수단이 필요하다. 이는 '무엇으로 비전과 목표를 달성할 것인가?'에 대한 답에 해당하는 것으로 통상 전략과제라고 칭한다. 조직차원에서는 비전이나 전략목표를 달성하기 위해 어떤 전략과제를 어느 수준까지, 얼마만큼의 속도로 추진해야 하는가에 대해 공감대가 형성되어 있어야 한다. 훌륭한 전략과제란 설정한 비전이나 전략목표 달성에 기여도가 큰 과제를 일컫는다. 다른 말로 표현하면 품질 높은 고부가가치형의 과제라 할 수 있다. 고품질의 전략과제 비중이 높을수록 전략중심의 조직에 근접한다고 볼 수 있기 때문이다. 그렇다면, 이렇게 중요한 전략과제를 체계적으로 도출하기 위해 전사적으로 얼마나 노력을 기울이고 있는가? 대체적으로 많은 조직들이 다양한 방법으로 과제도출에 힘을 쏟고 있지만 그 중요도에 비해 아직 충분하다고 볼 수는 없다. 또한, 도출된 전략과제라 하더라도 그것이 상위의 목표달성에 어느 정도 기여하는지, 얼마나 적합성이 확보되었는지에 대해서는 분석을 하지 않는다. 따라서 전략과제가 모두 해결된다고 해도 상위목표에 대한 달성 정도를 예측할 수 있는 방법이 없다. 결과적으로 성과관리 시스템의 구조상 설계된 전략과제는 비전이나 전략목표달성에 충분하다고 확신할 수 없는 함량 미달의 것들이 많다.

나. 저부가가치 업무 비중의 상대적 과다

모든 구성원들은 조직에서 수행한 업무실적과 성과로 인정받기를 원한다. 이를 위해서 구성원들은 어떻게 행동해야 하는가? 자신의 업무가 전사적인 전략목표 달성에 얼마나 중요하고 가치가 있는가를 스스로 평가해야 한다. 자신의 업무 중 정말로 비전이나 전략목표에 기여하고 있다고 자부할 수 있는 고부가가치 업무는 얼마나 될까? 생각만큼 높은 부가가치를 생산하는 업무가 많지 않음을 알 수 있다. 일상에서 수행하는 업무패턴을 분석해보자. 대부분 보고자료 작성하는 일, 지시사항 챙기는 일, 공문 처리하는 일, 부서 내·외 회의 및 협의, 자료 검색, 전화 응대 등으로 구성된다. 정확하게 표현하면 하루의 70%~80% 이상의 시간이 부가가치가 높지 않은 업무에 투입되고 있는 형국이다. 저 가치 업무의 특징은 통상 매년 연례적으로 해 오던 업무 유형들이 많다. 주로 조직에서 필요는 하지만 중요성은 상대적으로 낮은 유지관리형 업무라 할 수 있다. 비전이나 전략목표를 달성하는 데는 일상유지관리형 업무보다는 미래지향적이고 고부가가치형의 전략과제가 필요한데도 말이다. 높은 비중을 차지하고 있는 저부가가치 업무시간을 어떻게 고부가가치 업무시간으로 빨리 전환할 수 있을지 그 해법이 필요한 시점이다.

쉬어가기 **신문스크랩 업무비용은 얼마?**

미래를 대비하기 위한 전략적 업무의 비중은 과연 어느 정도일까? 조직에 따라 차이는 있지만 유지관리 업무가 100%인 부서도 존재한다. 부가가치로 따지면 오히려 외주 처리하는 편이 훨씬 도움이 되는 경우도 많다. 아날로그 시대에나 있을 법한 신문스크랩 업무나 이미 정보화되어 있는 내용들을 또 누군가의 손을 빌려 중복으로 작업하는 등 저 가치 업무의 형태는 아직도 조직 내부에 여전하다. 신문스크랩업무는 필요한 정보가 여기저기 산재되어 있어 특정 담당자가 관련 정보 전체를 수집하고 분류하여 처리해주는 것이 효율적일 때 즉, 아날로그형 업무가 주를 이루고 있을 때 필요했던 업무였다. 디지털화의 도움으로 누구라도 필요정보를 쉽게 검색하고 처리할 수 있음에도 불구하고 그 업무를 계속 유지하고 있는 조직들도 있다.

신문스크랩 업무에 투입되는 시간이 직원 한 사람의 절반이라고 할 때 연간 업무 코스트를 계산해본 적이 있는가? 생각보다 큰 비용이 지출되는데도 그것으로부터 무엇을 얻고 있는가? 대부분 조직의 업무 프로세스를 기준으로 역할을 분석하면 재미있는 현상을 발견할 수 있다. 일을 시키는 사람과 지시를 받는 사람, 그리고 그 내용을 전달하는 사람, 문서를 작성하는 사람, 문서를 읽고 검토하는 사람, 결정해 주는 사람 등 하나의 업무를 몇 개의 역할로 세분화하여 처리하고 있다. 꼭 그렇게 해야만 하는 업무인지? 그것이 부가가치를 더하는 일인지 한 번쯤은 고려해 볼 일이다.

2) 성과지표의 전반적인 품질수준 낙후

가. 성과지표에 대한 정확한 이해부족

성과지표란 과제의 성과를 측정하는 기준 또는 원칙이라고 할 수 있다. 다시 말하면, 사업 결과의 우수성을 판단할 수 있는 근거와 기준이 되기도 하고 과제로부터 기대한 성과가 계획대로 이루어지고 있는지를 가늠해 볼 수 있는 척도가 되기도 한다. 이는 성과지표가 적합하지 않을 경우 과제나 사업의 성과 수준을 정확하게 파악하기 어려울 뿐만 아니라, 추진 방향의 옳고 그름 또한 분간하기 어렵다는 의미가 된다. 공부를 잘 하는가 그렇지 않은가에 대한 성과지표를 책상 앞에 앉아 있는 시간의 크기로 평가한다면 어떻게 될까? 그 지표에 따른 수치의 변화를 보고도 성적 향상과 관련된 정확한 판단과 조치를 할 수 없을 것이다. 오랜 조직 생활을 경험했던 사람들조차도 성과지표에 대한 이해도가 높지 않은 경우가 많다. 이에 대한 가장 큰 원인은 실적과 성과에 대한 기준을 명확하게 구별하지 않는 문화에 기인한 것이라고 볼 수 있다. 넓게 보면 실적도 성과의 일부다. 그러나 이 논리를 적용할 경우 성과지표의 질은 결코 향상될 수 없다. 실적을 나타내는 대부분의 지표는 과정지표나 산출지표이기 때문이다. 성과지표의 품질은 얼마나 일을 많이 했는가에 대한 관점보다는 얼마나 잘했는가에 대한 수준을 말한다. 이와 같은 차원에서 성과지표를 투입지표, 과정지표, 산출지표, 결과지표로 유형화하고 그 중 결과지표를 진정한 성과지표로 간주하는 것이다. 성과지표에 대한 인식이 부족한 또 다른 원인은 성과관리에 대한 학습과 적용의 기회가 부족했기 때문이라 생각된다. 그 결과 지금도 여전히 많은 조직에서 산출지표를 거리낌 없이 사용하고 있는 것이 현실이다. 평소 '왜'라는 목적사고 중심보다는 '어떻게'라는 수단에 집중한 업무 습관과 관련성이 있다고 본다.

나. '열심히' 한 것만을 측정하는 성과지표관리

앞에서 잠깐 언급했지만 성과관리에서 또 하나의 중요한 문제는 성과지표의 품질수준에 관한 것이다. 동일한 전략과제라 하더라도 어떤 지표로 그 성과를 측정하는가에 따라 전혀 다른 결론에 이르거나 잘못된 의사결정을 하는 오류를 범하기 때문이다. 따라서 고품질의 성과지표를 선택하는 문제는 주요 전략과제 도출 이상의 중요한 의미를 갖는다. 대부분 조직의 경우 '열심형' 지표와 '많이형' 지표(어떤 일을 열심히 혹은 많이 했음을 나타내는 것으로 예를 들면 건수, 횟수 등의 산출지표를 일컬음)를 주로 사용한다는 점에

주목할 필요가 있다. 이 문제는 민간기업보다는 공공부문에서 심각하게 나타나는 경우가 많다. 아마도 정량적 측정이 어렵거나 난해한 경우가 많고 구체적인 성과가 나타나기까지 꽤 오랜 시간이 걸리는 업무적 특성 때문이라고 생각한다. 그러나 그와 같은 불리한 상황 논리가 성과지표의 품질수준 저하에 대한 변명과 합리화는 될 수 없다. 다수의 조직들이 성과지표의 품질에 대해 상대적으로 관심이 낮고 그 역할에 대해 너무 과소평가하는 경향이 강하다. 그 때문에 과제의 목적달성 수준을 나타내는 결과나 그 효과를 직접 표현할 수 있는 대표성 있는 지표를 선정하기보다 그 과정에 투입한 노력이나 산출물을 표시하는 지표를 사용하는 경우가 많다. 그와 같은 유형의 성과지표가 목표치 달성도 쉽고 측정하기에도 용이하기 때문이다. 그러나 이런 지표의 한계점은 과제의 추진 목적에 걸맞는 성과측정을 어렵게 할 뿐만 아니라 설령 목표를 100% 초과 달성해도 조직의 입장에서는 가치가 높지 않다는 점이다. 우리 조직이 많은 노력을 기울이는 데도 높은 성과가 나오지 않는다면 성과지표의 품질을 점검해 볼 필요가 있다.

쉬어가기 무심코 사용하는 열심지표

성과지표에 대한 몇 가지 예를 들어보자. 어떤 기업에서 '문제해결 역량 강화'라는 전략과제가 선정되자 담당자는 이 과제의 성과를 관리하기 위해 '직원 인당 제안 건수'라는 성과지표를 설정한 적이 있다. 만약 그 성과지표의 목표치가 초과달성 된다면 그 회사 전반의 문제해결 역량이 향상되었다고 판단해야 하는데 과연 그것이 적정하다고 볼 수 있을까? 제안을 열심히 한 결과 건수를 충족했다고 해서 조직의 문제해결 역량이 향상되었다고 하는 것은 너무 비약적인 논리라고 볼 수 있다. 이는 '완벽한 건축물관리'라는 과제에 대해 '순찰 횟수'라는 성과지표로 그 성과를 측정하고 관리하겠다는 것과 무슨 차이가 있는가? 단순하게 건물을 순찰한다는 것과 건물의 정상적인 작동이 안 되는 부분을 수선하고 유지보수하는 것은 전혀 다른 차원의 활동으로 보아야 할 것이다. 또 다른 예로 '국제화를 통한 경쟁력 강화'

라는 과제를 단순히 'MOU체결 건수나 교류 건수'로 성과지표를 설정한다면 과연 옳은 것일까? '문화재 유물의 보존처리' 같은 사업의 경우 그 결과에 대한 성과를 파악하는 데 몇 년 이상 걸릴 수도 있다. 보존을 위한 수단이 되는 '약품처리 횟수'만으로 성과를 평가한다면 어떨까? '약품처리 횟수'라는 성과지표가 보존처리가 잘 되었다는 성과를 직접 입증할 수 없듯이 'MOU체결 건수나 교류 건수' 역시 업무 목표달성을 위해 필요할 수는 있어도 경쟁력 강화정도를 나타내는 지표로는 적절하지 않다. 설령 교류 건수를 100% 달성했다 하더라도 글로벌 경쟁력 강화와는 무관할 수 있기 때문이다.

3) 전통적인 목표 수준 설정방식의 한계 노출

가. 목표치에 따라 춤추는 달성률

이는 목표치 설정 수준에 따라 달라지는 성과 즉, 달성률 값의 변동성을 두고 하는 말이다. 달성률은 성과의 우열을 가르는 대표적 기준이기 때문에 이 수치의 높고 낮음에 따라 피평가자들은 민감하게 반응한다. 그래서 목표 설정의 문제는 성과관리 분야에서 가장 이슈가 되기도 한다. 모든 평가에서 중요하게 취급되는 달성률은 목표와 불가분의 관계에 있다. 다시 말하면 동일한 결과물을 창출했음에도 불구하고 설정한 목표의 크기에 따라 달성률이 많은 편차를 가져올 수밖에 없는 모순을 가지고 있다. 따라서 목표를 합리적으로 설정하는 문제는 성과관리에서 매우 중요하게 다루어야 한다. 일반적으로 목표를 설정하는 방법은 여러 가지가 있는데 편리하고 쉽다는 이유로 전년 대비 목표설정 방식을 가장 많이 사용한다. 그러나 그 방법은 자칫 과거의 잘못된 기준을 여과없이 반복 사용함으로써 의사결정에서 심각한 오류를 범할 가능성이 있다는 점에 유의해야 한다.

쉬어가기 **목표달성률의 함정**

다음의 예를 살펴보자. A, B, C 세 사람은 유사한 업무 담당자로 연초 각자의 목표를 수립하고 동일한 수준의 실적을 거두었다.

〈표 2-1〉 목표, 실적, 달성률의 관계

구분	목표	실적	달성률
A	80	100	125.0%
B	100	100	100.0%
C	120	100	83.3%

그런데 목표 대비 달성률은 83%에서 125%까지 큰 차이를 보이고 있다. 얼핏 보면 A는 높은 성과를 창출하고 C는 반대로 저조한 성과를 내는 것으로 보인다. 커다란 착시 현상이다. 그 원인은 무엇인가? 결론적으로 목표설정의 문제라 말할 수 있다. 달성률이라는 평가 기준은 경우에 따라 상당한 위험과 모순을 내포하고 있음을 알 수 있다. 표에서처럼 두 사람 모두 조직 기여도가 동일함에도 불구하고 달성률의 차이라는 서로 다른 평가 결과를 만들어 낼 가능성이 높기 때문이다. 투입한 노력과 그에 따른 성과가 동일한데도 설정한 목표의 크기에 따라 평가결과가 달라진다면 어느 누구도 평가의 합리성을 인정할 수 없을 것이다.

나. 전년 대비 목표설정 방식의 함정

대부분의 조직은 보통 과거나 전년을 기준으로 목표를 설정하고 있다. 주로 전년 대비 +5%에서 +10% 정도의 향상된 수준에서 목표치를 설정한다. 아마도 그 방법이 가장 쉽고 리스크가 작을 것이다. 여기에서 초점은 설정된 목표치의 수치가 높고 낮음에 대해 논하기보다는 전년 대비로 설정된 목표치가 얼마나 조직에 가치가 있는가 하는 점이다. 전년보다 약간 상향된 목표달성 그 자체는 의미가 있을지 모르지만 경영상 의사결정 등 필요 정보로서는 별로 도움이 되지 않을 수도 있기 때문이다. 다시 말하면 전년 대비 목표를 설정하는 방식은 경쟁사나 선진 수준을 앞서 나가기 위한 어떤 전략적 시사점도 제시하지 못할 가능성이 높기 때문이다. 이는 경쟁자가 어느 정도 수준인지 그리고 자사와 얼마나 격차가 있는지 아랑곳하지 않고 지난번보다 향상된 것만을 단편적으로 보여줌으로써 의사결정권자로 하여금 판단 착오를 하게 할 수 있다. 다음의 경우를 생각해보자.

〈표 2-2〉 전년 대비 10% 향상 목표설정에 따른 5년 후 격차 비교

구분	과제	성과지표	목표		
			현재	년 향상률	5년 후
경쟁사	고객유치 강화	방문객 수	1,000만명	10%	1,610만명
A사	고객유치 강화	방문객 수	200만명	10%	322만명
차이			800만명	-	1,288만명
시사점			5년 후 A사 방문객은 122만명 증가한 데 반해 경쟁사 방문객 수는 610만명으로 대폭 증가		

위의 예에서 보듯이 매년 동일하게 전년 대비 10%의 상향 목표를 설정할 때 5년 후 우리 회사의 경쟁력은 어떤 변화를 가져올까? 매년 성장하고 목표를 달성했다는 성취감보다는 경쟁사와 격차가 확대되는 위기상황을 걱정해야 할 것이다. 맹목적인 전년 대비 목표설정 방식에 대한 고민과 개선이 필요한 시점이라 생각한다.

3

성과관리 시스템 운영과정에서 간과하고 있는 것들...

1) 성과관리의 본질을 외면하고 있다

이제까지 성과관리를 제대로 관리해온 조직이라면 당연히 비전이나 전략목표를 관리했을 것이며 매년 그것이 어느 정도 달성되었는지 구성원들에게 자랑스럽게 알려주었을 것이다. 그리고 그동안의 성과에 대해 노고를 치하했거나 아니면 좀 더 분발하라고 독려를 했을 것이다. 그러나 이처럼 철저한 피드백을 통한 성과관리의 레벨 업을 시도하고 있는 조직이 과연 얼마나 될까? 비전이나 전략목표의 달성에 대한 점검이나 공표는 커녕 어느 순간 슬그머니 꼬리를 내리고 이들을 방치하거나 교체해버리지는 않았는가? 성과관리를 완벽하게 수행하기보다는 오히려 성과관리 시스템으로 관리를 하는 척 흉내만 내고 있지는 않았는가? 간혹 성과관리를 책임지는 주관부서마저도 성과관리가 어렵다는 이유로 이에 무관심하거나 소홀히 하는 경우도 심심치 않게 볼 수 있다. 성과관리 시스템에서 관리해야 하는 것은 무엇이며 어떻게 하는 것이 잘하는 것인지 고민도 하지 않은 채 말이다. 조직의 경쟁력은 어떤 방법으로 향상시킬 것이며 장·단기적인 전략과 목표는 어떻게 관리할 것인가? 성과관리체계를 비롯하여 비전과 전략목표, 성과목표, 과제 혹은 주요사업의 연계는 문제가 없는가? 목표치의 달성 수준과 피드백을 통해 가시적인 성과는 물론 지속적인 개선작업이 제대로 이뤄지는가? 이와 같은 질문에 대답이 어렵다면 그동안 무엇을 관리해왔다는 말인가? 과거와 동일한 방식으로 더 많은 시간이 지나고 나면 무엇이 좋아질 것이라고 확신하는가? 성과관리에 대한 진정한 반성과 성찰을 통해 새로운 성과관리의 혁신을 이루어내야 하지 않을까?

쉬어가기 **닫힌 사고에 기반한 성과관리**

국제 관련 업무를 다루는 회사의 예를 보자. 이 회사는 국가의 예산으로 해외 여러 국가를 대상으로 다양한 사업을 전개하고 있다. 대한민국에 호의적인 여론과 좋은 이미지를 갖도록 하기 위한 사업들이 핵심을 이룬다. 당연히 회사의 비전은 대한민국의 이미지 제고 수준과 관련된 내용이어야 할 것이다. 그리고 이 회사의 전사적 성과는 대한민국에 대한 이미지가 국제적으로 얼마나 개선되었는가를 기준으로 측정하는 것이 정상적이다. 그런데도 그것의 달성 정도를 측정하기 위한 어떤 통계치나 자료도 확보하고 있지 않다면 제대로 비전이 관리되고 있다고 보기 어렵다. 자신들은 나름대로 최선을 다해 노력하고 있다고 주장하겠지만 객관적 시각에서 보더라도 이 회사에 대한 경영평가는 좋을 리 없다.

컨설턴트로서 의견을 제시한 기억이 난다. “성과를 증명하기 위해 선진국들의 한국에 대한 이미지 지수를 만들어 매년 향상되는 수준을 공표하거나 선진국에 비해 대한민국의 이미지 수준이 어디에 와 있는지 상대적인 비교라도 하면 어떨까요?” 라고 제시했다. 그 회사의 반응은 의외였다. “어떻게 전 세계 시민들을 대상으로 그것을 조사하고 분석하느냐” 하는 대답이었다. 너무나 닫혀 있는 사고, 경직된 생각들… 이와 같은 것들이 스스로 수준 높은 성과를 관리하지 못하도록 가로막고 있는 것이 아닌가 하는 생각도 들었다. “왜 그들은 전 세계 시민들에게 물어봐야 한다고 할까?” “과연 조사결과를 어디에 활용하려고 하는지 알고 하는 질문일까?” 적어도 필자는 그들에게 “그것 정말 필요하겠는데요” 라는 반응을 원했고 “그렇다면 어떻게 할 수 있는 방법은 없을까요?”라고 물어보길 기대했던 것 같다.

간단하게 생각해보자. 이 회사의 경우 업무의 특성상 국가 차원에서 우리와 이해관계가 많은 주요 국가들을 관리해야 할 것이다. 그들이 대한민국을 어떻게 이해하고 인식하고 있느냐에 따라 우리가 취할 수 있는 전략적 대안을 고민해야 하기 때문이다. 사실 우리에게 영향력을 미칠 수 있는 국가의 주요 인사들을 대상으로 조사를 해도 우리가 지향하는 목적은 충분히 달성할 수 있다. 주요국의 정계와 학계, 그리고 언론과 산업계의 핵심인사를 대상으로 조사하면 될 일이다. 물론 전 세계인을 대상으로 하면 좋겠지만 이는 실현 가능하지도 않을 뿐 아니라 효율적이지도 못하다. 그런데도 아무런 고민없이 즉흥적으로 "그것은 전 세계인을 상대해야 하고 그렇기 때문에 그 일은 불가능 한 거야"라고 스스로의 생각을 닫아 버리는 결과 개선의 기회는 없어진다. 그와 같은 사고방식의 결과는 미래에 어떻게 나타날까? 회사의 앞날이 불투명할 수밖에 없지 않는가? 외부에 보여줄 수 있는 성과라고는 "우리는 열심히 했습니다" 라는 것 외에 그 어떤 것도 없으니 말이다.

2) 성과관리 시스템이 업무개선과 연계되지 않는다

조직의 규모가 커질수록 업무처리 절차가 복잡해지는 것이 일반적이다. 그 때문에 의사결정에 필요한 자료를 곧바로 찾거나 정확하게 분석하는 것이 쉽지 않을 수 있다. 주간 단위로 실시하는 회의가 주로 문제해결이나 대책 입안 보다 주요 업무의 진행 사항을 파악하는 것이라면 이는 무엇을 의미하는가? 성과관리가 아날로그 수준에 머물러 있음을 반증하는 것이라 볼 수 있다. 특히, 성과관리 시스템을 구축하고도 이와 같은 수준의 관리를 하고 있다면 이는 상당히 큰 문제가 아닐 수 없다. 성과관리 시스템은 첨단으로 구축해 놓고 운영수준은 과거의 구식화된 방식을 택하고 있는 것이나 다를 바 없기 때문이다. 그렇다 보니 진행되고 있는 사업들의 문제가 무엇인지 사전에 어떤 조치를 취해야 되는지 단시간에 알 수 없는 것은 당연하다. 더군다나 관리자가 부하직원을 통해서만 업무 파악이 가능하다면 문제에 대한 즉각적인 조치도 어려워진다. 설령 부하의 잘못된 정보나 오류가 있더라도 이에 대해 검증할 방법도 없다. 이는 경영관리면에서 보면 매우 비효율인 운영방식이라 할 수 있다. 한마디로 관리를 위해 또 다른 불필요한 노력과 인적자원이 낭비되는 것이다. 확인 과정이 많을수록 업무가 증가되고 그 결과 더 많은 인력이 필요하기 때문이다. 업무 진행 상태를 모니터링할 수 없는 조직, 누군가의 도움을 받아야 관리가 가능한 조직, 변화된 상황에서 무엇이 문제인지 파악이 어려운 조직, 이 모두는 성과관리가 제대로 기능을 하지 못한 결과라고 말할 수 있다. 우리 조직의 성과관리 수준은 과연 어떠한가?

쉬어가기 **첨단의 고속도로에 소달구지 끄는 격**

글로벌화가 화두로 회자되던 시절이다. 민간 대기업을 중심으로 회사들은 앞다투어 글로벌 경쟁력 강화를 외쳐대고 있었다. 이때 등장한 것이 바로 경영시스템 혁신이었다. 선진회사들과 경쟁을 하려면 차별화된 기술 외에 경영시스템도 선진 수준으로 혁신을 해야 한다는 분위기가 대세였다. 급기야 기업들은 선진국의 첨단 정보시스템을 도입하기 시작했다. 회사에 맞는 최적의 솔루션이라는 명분으로 정보시스템 도입이 결정된다. 어려운 외래 용어로 가득찬 영어 문장, 화려한 도표들... 키보드만 누르면 알고자 하는 모든 정보가 쏟아진다는 감언이설에 모든 임원들이 눈만 껌벅이던 한 회사의 착수보고회! 커스터마이징이라는 이름으로 수개월이 흐르고 드디어 기대하던 정보시스템을 오픈했다. 최종 결과는 어떻게 되었을까? 과연 그 비싼 정보시스템은 제대로 운영될 수 있었을까? 사전준비가 미흡했으니 직원들은 첨단 시스템을 운영할만한 역량이 부족하고 아날로그형 업무에 익숙한 임원들은 정보기술에 대한 지식이 없었다. 뿐만아니라 전사적으로 정보화 마인드는 물론 관리에 필요한 기본적인 데이터나 자료관리 등 인프라도 충분히 갖추지 못했다.
과연 조직 내부는 어떻게 변화되었을까? 임원을 비롯한 고위층은 기존 방식대로 자신들에게 익숙한 자료들을 원하는데 정보시스템에서의 지원은 한계가 있었다. 정보시스템실에 추가적인 자료를 요청하자 오히려 현업으로 하여금 필요한 원천자료(Raw Data)들을 일정한 틀에 맞춰 실시간으로 정확하게 입력하라고 요구한다. 부하직원들은 정보시스템 자료를 포기하고 보고를 위한 오프라인 재작업을 해야 한다. 업무가 이중 삼중으로 증가하기도 하고 직원들 간의 싸움도 벌어진다. 자료 품질과 일 처리 속도는 향상되지 않고 재작업에 직원들과 관리자들이 지쳐간다. 급기야 관리자로부터 정보시스템에 의존하지 말고 과거대로 일하라는 지시가 하달된다. 첨단의 정보시스템은 현업 담당자 입장에서 점차 괴물이 되어 간다. 정보시스템

부서가 홀로 고군분투해 보지만 현상은 개선되지 않는다. 현업과 정보시스템은 점차 각자의 길을 가게된다. 도입 초기의 환상도 점차 깨져간다. 시스템이 제대로 운영되지 않은 상태가 지속되면서 불평, 불만들이 터져 나온다. 책임문제도 불거진다.
아무리 첨단기계라 하더라도 쓰레기를 넣으면 쓰레기가 나온다(garbage in, garbage out). 기초 원자료를 신속 정확하게 입력해야 그나마 최소한의 산출물을 얻을 수 있는 것이 정보시스템이다. 기계는 역시 기계일 뿐이다. 첨단기술로 구축된 정보시스템이지만 그 활용도는 정반대의 아날로그 수준이다. 이와 같은 현상을 빗대어 첨단 고속도로에 소달구지를 끌고 가는 격이라고 표현해야 맞지 않을까? 고속도로가 그 구실을 할 수 없게 만든 장본인은 과연 누구인가?

3) 성과관리 고도화 전략에 대해 무관심하다

회사의 관리자는 물론 최고경영자 역시 성과관리의 중요성에 대해 명확하게 이해하지 못하고 있는 경우가 의외로 많다. 그 상황에서 어떻게 전사적 차원의 수준 높은 성과관리가 조직에 내재화될 수 있을까? 전략중심의 조직을 구현하기 위한 성과관리의 책임은 전적으로 최고경영자의 몫이다. 최고경영자가 성과관리에 대한 확고한 의지를 가지고 리더십을 발휘한다면 성과관리는 지금보다 몇 단계 레벨업 될 수 있다. 문제는 최고 책임자가 그 중요성을 이해하지 못하고 관리방식마저 과거의 답습 수준을 벗어나지 못하는 데 있다. 그렇게 되면 성과관리 시스템은 그 순간부터 정체하거나 후퇴할 수밖에 없다. 우선, 경쟁우위의 조직관리는 성과관리로부터 출발해야 한다는 점을 전체 구성원들에게 분명하게 인식시켜야 한다. 회사의 존립과 성장은 성과를 도외시하고는 성립하지 못하기 때문이다. 다음으로 성과관리를 고도화하기 위한 전사적인 노력을 아끼지 않아야 한다. 이렇듯 성과관리 시스템이 어떤 형태로든 조직관리의 기반이 되어야 함에도 아직도 일차원적인 성과관리에 머물러 있다면 안타까운 일이다. 이를 과감하게 혁신시키지 않고는 조직의 성장과 발전을 기대하기 어렵다. 성과관리의 고도화를 통해 회사가 지향하는 목표와 창출된 성과 간의 갭을 분석함은 물론 경쟁사와의 격차 분석을 통한 전략적 방향을 설정할 수 있기 때문이다. 왜 부서와 개인들이 자신들의 성과를 자율적으로 관리하면서 문제점을 스스로 개선해 나아가는 수준까지 도달하지 못하는지 반성의 기회로 삼아야 한다. 우리 회사 문제의 원인은 어디에서 출발하는지 그래서 무엇부터 고쳐야 하는지 곰곰이 생각해 볼 일이다.

4) 성과평가 결과의 폭넓은 활용에 대해 고민하지 않는다

성과관리의 한 축이 업무의 성과 창출 정도를 모니터링하여 그 수준을 스스로 개선해가는 과정 관리 중심이라면 다른 한 축은 평가의 결과를 활용하여 동기부여로 연결시키는 결과 관리 중심으로 볼 수 있다. 성과평가의 결과는 조직이나 개인차원에서 그 기여도에 따라 다양한 목적으로 활용될 수 있다. 예를 들면, 한 조직 내의 고성과자와 저성과자는 다른 보상을 받아야 한다. 그렇게 함으로써 잘한 사람은 동기부여가 되고 부진한 사람은 각성의 계기가 되기 때문이다. 또한, 인적자원 활용에 있어서도 저성과자의 경우 그 원인이 무엇인지 분석을 통해 그에 맞는 대책을 수립해야 할 것이다. 만약, 저성과의 원인이 역량문제라면 적합한 교육 프로그램의 기회를 부여해야 하고 시스템의 문제라면 해당 부분을 개선해야 하기 때문이다. 일반적으로 평가 결과의 활용도가 불투명하거나 낮을수록 그에 비례하여 구성원들의 성과관리에 대한 체감도와 관심도는 떨어진다. 평가의 결과가 승진이나 성과급에 미치는 영향의 정도가 클 때 성과평가에 대한 관심도가 높아지는 것은 이 때문이다. 따라서 성과관리를 성공적으로 정착시키기 위해서는 평가결과를 구성원들의 동기부여의 수단으로 적극 활용할 필요가 있다. 그러나 현실은 그렇지 못하다. 이와 같은 상황의 연속은 구성원들로 하여금 성과관리 시스템을 별로 의미가 없거나 오히려 일거리만 제공하는 거추장스러운 존재로 인식하게 만든다. 결론적으로 성과의 평가 결과가 활용되지 않고 있다면 이는 전적으로 책임자의 문제라 할 수 있다. 왜 성과에 대한 평가 결과를 폭넓게 활용하지 않는가? 그렇다면 왜 성과를 평가하는가? 이제부터라도 조직과 개인차원에서 보다 큰 시너지 효과 창출을 위한 평가 결과의 활용 방안이 무엇인지 고민해 보아야 한다.

5) 평가에 대한 불만은 높으면서 혁신에는 무관심...

우리는 일상생활을 평가와 더불어 살아가고 있다고 해도 과언이 아니다. 아침에 일어나서부터 활동하고 있는 동안 많은 사람들에게 평가를 받고 피드백함으로써 상호작용을 한다. 이처럼 평가는 일상생활과도 떼어 놓을 수 없는 불가분의 관계라 할 수 있다. 조직에서 평가는 크게 업무에 대한 평가와 사람에 대한 평가로 구분된다. 여기에서 다루는 성과관리는 당연히 업무에 관한 내용이다. 업무를 평가하는 데는 다수의 방법이 존재할 수는 있지만 그중 개인이나 부서가 창출한 성과를 기준으로 평가하는 방식이 가장 많이 활용된다. 조직에서 평가 문제는 모두에게 커다란 관심의 대상이 되고 있다. 따라서 평가는 높은 객관성과 공정성이 요구되지만 현실적으로 100% 완벽할 수는 없다. 어느 조직에서나 평가는 구성원들의 불만이 많은 분야 중 하나로 나타난다. 평가의 본질적인 이해부족에서부터 평가의 방법과 절차에 대한 문제, 평가 결과의 보상과 연계 문제 등 그 원인도 매우 다양하다. 조직에서 평가로 인해 발생하는 또 다른 불만은 절대적인 보상의 크기나 내용의 문제보다도 상대적인 보상의 차별성 때문에 더 많이 발생하기도 한다. 자신보다 적게 일하고 더 낮은 성과를 창출하는 동료가 보다 많은 보상을 받고 있다고 느낄 때 불만의 강도가 커진다. 따라서 조직 입장에서는 성과에 대한 보상의 공정성과 형평성을 확보하기 위해 노력을 해야 한다. 그렇지 않으면 오히려 평가제도를 도입하기 전보다 조직 운영에 더 큰 짐이 될 수 있기 때문이다. 평가와 관련하여 문제가 있으면 당연히 조직차원에서는 기존의 제도나 시스템을 개선시켜야 한다. 그런데 평가에 대한 불만과 불평은 많으면서 개선에 대해서는 무관심한 아이러니가 조직에서 흔하게 발생한다. 아마도 이는 조직의 평가제도나 시스템의 잘못이라기보다는 그것으로부터 통제를 받는다는 느낌을 떨쳐버리고 싶은 생각 때문으로 보인다. 그러나 이 문제가 평가로부터 해방된다고 해서 결코 해결될 문제는 아니라는 점이다. 완벽한 평가제도나 시스템은 어디에도 존재하지 않는다. 문제가 발견되면 고치는 것이 맞지만 그것을 하기 싫으면 제도가 개선될 때까지 참고 인내하든가 아니면 불만을 해소할 수 있는 다른 방법을 찾아야 하지 않을까?

6) 성과평가 결과에 대한 수용도 향상 방안이 미흡하다

평가의 수용도 향상 문제는 아무리 강조해도 지나침이 없다. 왜냐하면 이 문제를 어느 정도 해결하지 않고는 평가를 통한 조직의 변화와 경쟁력 향상이란 단어는 허울 좋은 가면에 불과하기 때문이다. 이처럼 평가에 대한 수용성이 중요함에도 불구하고 이를 인식시키기 위한 노력은 여전히 충분하지 않다. 그렇다고 수용도 문제를 무시하고 넘어갈 수는 없다. 현실적인 대안으로는 구성원들이 결과에 대해 수용하지 못한 원인을 체계적으로 분석하여 이를 실행가능한 것부터 해결하는 방법이다. 일반적으로 나타나는 원인들을 살펴보면 다음과 같다.

- 우선, 평가자에 대한 신뢰성 문제이다. 평가자가 과제나 사업에 대해 객관적으로 정확한 평가를 할 만큼 역량을 가지고 있지 않다.

- 둘째, 평가지표의 적절성과 목표의 합리성에 대한 검증이 없기 때문에 공정성이 떨어진다.
- 셋째, 평가의 원칙과 기준, 평가방법 등이 다양한 부서나 과제의 특성을 반영하지 못하고 획일적이다.
- 넷째, 객관성을 확보하기 위한 정성평가의 기준이 애매모호하고 포괄적이어서 정확한 평가가 어렵다.

이외에도 다수의 원인이 있을 수 있다. 문제는 조직 차원에서 이런 원인들을 얼마나 빨리 해결하는가가 중요하다. 결국 평가시스템을 정착시켜야 하는 당위성이 높을수록 평가의 수용도 문제는 절실할 수밖에 없다. 평가시스템의 성공 여부는 조직 구성원들로 하여금 도입된 평가시스템에 대해 얼마나 높은 수용도를 이끌어 낼 수 있는가에 달려있기 때문이다.

4

기존 성과관리로부터 얻을 수 있는 인사이트(Insight)

기존에 운영되고 있는 성과관리 시스템으로는 체계의 문제든 운영상의 문제든 수준 높은 경쟁력을 제고하기 위한 성과창출에 한계가 있다. 즉, 기존의 성과관리는 현재의 조직을 관리하는 데는 도움이 될지 모르겠지만 경쟁우위의 전략적 경영을 위해서는 큰 힘이 될 수 없다. 따라서 이를 개선하기 위해서는 다양한 관점에서 조직의 성과를 좀 더 체계적으로 관리하기 위한 방법이 필요하다. 이러한 문제를 해결하고자 시도되고 있는 성과관리 방법 중 하나가 전략적 통합 성과관리 (Strategically Integrated Performance Management: SIPM)방법론이라고 볼 수 있다. 이는 지금까지의 재무적 그리고 산출 지향적 성과관리를 탈피한 좀 더 통합적이고 균형적인 입장에서 성과를 관리할 수 있도록 개발한 체계화된 진정한 방법이라 할 수 있다. 여기에서의 통합이라는 단어는 다양한 의미를 가지고 있다. 현재와 미래의 성과를 아우를 수 있는 시간적 통합, 조직과 개인의 역량을 동시에 결합시키는 주체 간 통합, 유형적 무형적인 요소까지를 포함하는 자원적 통합, 투입과 과정, 산출과 결과 그리고 파급효과까지 전체 프로세스를 성과 차원에서 관리할 수 있는 통합 등 다양하고 입체적인 관점을 망라할 수 있는 성과관리 방법을 말한다. 따라서 전략적 성과관리는 전략적 측면은 물론 업무 중심의 유지관리적 측면을 동시에 관리가능하도록 하며 회사와 개인 간의 균형성을 확보할 수 있도록 한다.

〈표 2-3〉 전략적 통합성과관리의 특징

구분	관점과 특징
시간 범위	과거 – 현재 – 미래
관리 주체	전사 – 부서 – 개인
프로세스	투입·과정 – 산출 – 결과·영향
자원 관리	유형적 – 무형적
영역, 범위	외부 고객 – 내부 직원
관리 레벨	전략적 업무 – 유지관리적 업무

제 III 장
전략적 통합 성과관리의 방향과 Concept

1. 전사적 경영관리시스템으로서 성과관리
2. 전략 중심의 조직 구현을 위한 성과관리
3. 인재육성을 위한 시스템으로서 성과관리
4. 균형과 통합을 중심축으로 한 성과관리

1

전사적 경영관리시스템으로서 성과관리

1) 조직의 특성을 반영한 성과관리

맞춤형이라는 고객지향적 성향은 최근 들어 많이 유행하는 단어라 할 수 있다. 회사가 창출한 제품이나 서비스가 소비자인 고객의 만족도를 강화시킬수록 경쟁력은 더욱 높아지기 때문이다. 과거에는 고객 집단을 하나로 보았기 때문에 하나의 획일화된 서비스로 경쟁을 하는 데 무리가 없었다. 그러나 고객 니즈의 다양화는 공급자로 하여금 맞춤형이라는 제품과 서비스를 요구한다. 조직의 특성을 반영한 성과관리란 어떻게 보면 업(業)의 본질과 특성을 기반으로 한 조직의 문화 그리고 조직의 역량을 고려한 맞춤형의 성과관리 시스템을 말한다. 다시 말하면 구성원들로 하여금 큰 저항없이 새로운 성과관리체계에 적응할 수 있도록 커스터마이징된 유형의 시스템이라고 볼 수 있다. 예를 들면, 연구개발을 하는 회사와 생활용품을 파는 회사 그리고 공공 서비스를 제공하는 정부나 공공기관, 전문지식을 서비스하는 대학은 여러 가지 면에서 특성이 다를 수밖에 없다. 물론 조직이라는 큰 틀에서 보면 유사하지만 지향하는 전략이나 운영하는 방법에는 상당한 차이가 있다. 연구개발은 상대적으로 무에서 유를 창출하는 업이지만 생활용품 판매회사는 어떻게 우수한 아웃소싱회사와 협력 네트워크를 구축하고 이를 통해 품질 좋은 상품 매입을 최적화하여 불특정 고객을 상대로 많이 판매할 것인가가 중요하다. 정부나 공공기관은 사회 전체를 대상으로 공익적 목적에 부합하는 서비스를 제공해야 하므로 이해관계자 간 균형과 조정이 중요하다 할 수 있다. 이렇듯 성과관리 관점에서 보면 조직마다 지향하는 비전과 전략적 방향이 다르고 과업의 내용과 관리지표 역시 상당한 차이가 있을 수밖에 없다. 연구개발의 경우 결과물까지 장기간이 소요되지만 생활용품 판매회사는 당일 결과가 집계된다. 따라서 연구개발에서는 단기적으로 공정률 위주의 지표가 많으나 장기적으로는 기술개발이나 상용화율 지표를 적용해야 한다. 판매회사는 장·단기의 구분이 당장 큰 의미가 없으며 처음부터 매출액이나 이익률, 재고회전율 등의 결과지표를 계속 사용한다. 결론적으로 조직의 특성을 반영한다는 의미는 시스템의 도입과 운용, 정착화 과정에서 연착륙(Soft Landing)을 유도하고 이를 회사의 경쟁력 강화와 직결시키기 위한 것이다. 다만, 한 가지 주의할 점은 특성을 반영하는 맞춤형이라고 해서 전사적 방향과는 무관하게 부서나 개인의 니즈를 충족시키는 차원의 성과관리 시스템의 설계를 지칭하는 것은 아니다.

2) 인적자원개발을 촉진하는 성과관리

성과관리는 조직의 지속성장에 필요한 구성원들의 능력 발휘를 극대화할 수 있도록 동기를 부여하고 이를 통해 인재를 육성하는 지렛대 역할을 한다. 개개인은 성과관리를 통해 전사 비전이나 전략목표를 새롭게 인식하고 이를 부서와 자신의 목표에 연결시켜보면서 스스로의 위상을 가늠해 보기도 한다. 더 나아가 구체적인 목표를 설정하고 이를 구현하는 과정에서 전략적인 사고는 물론 밸류체인 관점에서 문제해결 능력이 향상되는 등 통합적인 역량을 강화할 수 있다. 체계적인 성과관리는 P(Plan), D(Do), C(Check), A(Adjust)라고 하는 관리체계의 싸이클 속에서 구성원들의 다양한 도전과 열정을 이끌어 내는 기폭제가 되기도 한다. 보다 우수한 성과물을 창출하고 의미있는 목표를 달성하려고 노력하는 과정을 통해 관리자는 구성원 개개인의 역량에 대한 객관적인 분석이 가능하다. 이렇게 체계적으로 축적된 개인별 정보를 활용하여 그들을 조직이 필요로 하는 맞춤형의 인재로 육성할 수 있다. 성과관리는 이와 같은 측면에서 매우 유용한 도구가 된다. 조직은 구성원으로 하여금 충분한 능력을 발휘할 수 있는 기회를 부여하고 개인은 주어진 목표의 달성으로 업무 성취감은 물론 조직의 성장에 기여를 통해 개인과 조직의 지속가능한 성장을 보장받을 수 있다. 이를 위한 수단으로서의 성과관리 시스템을 얼마나 잘 활용하는가? 그리고 그것을 통해 인적자원의 경쟁력을 얼마나 끌어 올리는가? 이는 오로지 경영자를 비롯한 구성원들의 몫이다.

3) 창의적이고 도전적인 문화를 창출하는 성과관리

전략적 통합 성과관리는 회사의 비전과 전략목표를 정점에 놓고 조직이 보유하고 있는 자원을 한 방향으로 집결시키는 역할을 한다. 비전을 기반으로 중장기 전략체계와 단기전략을 수립하고 상위 목표를 달성하기 위한 하부 전략과 세부 목표들을 구체화해 나아간다. 성과지향형 조직이라면 이 과정에서 보다 창의적이고 도전적인 전략과 사업아이디어를 만들어 내고 이들을 결합하고 고도화하는 프로세스가 작동한다. 특히, 외부와 협력을 해야 하는 과제, 전문기관의 도움이나 부서 간 협업을 요하는 과제 등 보다 수준 높은 전략적 아이디어가 끊임없이 창출되는 모습을 볼 수 있다. 이와 같은 과정을 거쳐 확정된 과제와 목표들은 다시 부서 내 구성원들에게 보다 세분화되어 할당된다. 물론 그 과정에서도 구성원들 간의 토론을 통해 새로운 아이디어와 제안들이 제시되기도 한다. 논의가 활발할수록 구성원들의 창의력에 의해 과제의 내용은 그만큼 정교화된다. 창의적이고 도전적인 문화는 이렇게 설정된 목표를 달성하는 과정에서도 선의의 경쟁구조를 통해 형성되지만 결과의 평가를 통한 동기부여가 확실하다는 믿음이 있을 때 극대화된다. 전사적으로 상호 신뢰의 조직문화가 구축될 때 성과관리 시스템은 드디어 하나의 완전한 관리체계로 작동할 수 있다. 창의적이고 도전적인 문화는 억지로 만들려고 해서 만들어지는 것이 아니다. 목표를 향해 도전하고자 하는 의욕과 이를 위한 체계적이고 단계적인 활동들이 자율성을 기반으로 선행될 때 비로소 형성되기 시작한다.

2

전략 중심의 조직 구현을 위한 성과관리

1) 전략 중심 조직의 필요성

가) 유지관리형 조직과 그 한계

많은 조직은 그동안 성장 국면에서 열심히 하는 것만으로도 발전이 가능했고 기대 이상의 성과를 만들어 내기도 했다. 그러나 지금의 환경은 과거와는 너무 차원이 다르다. 따라서 기존의 조직운영방식이 미래에는 유효하지 않음을 쉽게 예측할 수 있다. 그렇다면 기존의 조직 운영방식은 어떤 모습이며 그 특징은 무엇인가? 한 마디로 과거 답습형의 업무방식과 스타일이라고 할 수 있다. 사업이나 업무 대부분이 새롭다기보다는 과거의 연장선상에 있다. 주 사업 역시 기존에 해왔던 것들의 반복이어서 이변이 없는 한 거의 모든 업무가 과거와 동일한 패턴으로 추진된다. 이런 유형의 조직운영 방식을 필자는 유지관리형 조직이라고 부르고자 한다. 유지관리형의 조직은 기존의 방법에 큰 문제만 없으면 그런대로 통과되는 것이 관례이다. 미래를 위해 더 큰 가치가 있는 사업이나 방법을 탐색하기보다는 리스크가 없는 기존의 것을 유지하는데 더 관심이 많다. 대부분의 조직은 유지관리형의 방법만으로도 일정 수준까지는 발전할 수 있다. 그러나 그 방식이 가지고 있는 한계와 발전을 가로막는 장벽으로 인해 더 이상의 성장은 불가능하다.

나) 전략 중심형 조직의 특성

환경의 변화가 적고 미래가 안정적인 상황에서는 유지관리형으로도 성과를 발휘할 수 있다. 그러나 환경 변화가 심하고 미래가 불확실한 상황에서는 비효율적인 과거 답습의 업무방식을 과감히 탈피할 필요가 있다. 동일한 업무도 수행하는 방식에 따라 창출되는 부가가치가 다를 수 있고 활용도가 차별화되기도 한다. 보다 비전지향적이며 고부가가치형으로 변화와 혁신을 추구하면서 운영하는 조직을 유지관리형의 상대적인 개념으로 전략 중심형 조직이라 볼 수 있다. 조직이 경력을 확보하기 위해 당연히 전략 중심으로 변화를 모색해야 한다. 전략 중심의 조직이란 말 그대로 환경변화가 반영된 비전이나 전략목표를 중심으로 이를 달성하기 위해 모든 역량을 집중하는 조직운영 방식을 일컫는다. 환경의 변화를 체계적으로 분석, 예측하고 아직 현실이 되지 않은 미래에 관심을 갖는다. 즉, 미래의 비전을 설정해 놓고 그것을 달성하기 위한 최적의 전략과 수단을 찾는 일이 일상화되어 있다. 전략 중심형은 기존의 한계를 극복하고자 혁신을 상시화하고 기존의 시스템과 제도를 시대 흐름에 맞게 변화시키는 일에 자원을 집중한다. 따라서 이런 유형의 조직은 현재 지향보다는 좀 더 전략적인 사업 추진을 모색하거나 창의적인 업무를 지향하는 경우가 일반적이다. 다소 문제가 예상되더라도 기존의 방식을 무작정 따르기보다는 추구하는 목적을 위해 목표지향적이며 도전적인 모습으로 일을 추진해 나간다.

다) 유지관리형과 전략 중심형 조직의 차이

전략 중심형 조직은 대체적으로 혁신과 성장의 이미지를 추구하는 반면 유지관리형 조직은 과거나 현재의 틀을 강조한다. 유지관리형 조직은 업무 스타일에 있어서 기존의 방식을 고수하거나 답습한다. 그것이 가장 안전한 방법이기 때문이다. 더 나은 개선이나 혁신에 관심을 두지 않는다. 특정 사안에 대한 사전 예방보다는 추진 과정에서 문제가 발생할 때 이것을 해결하기 위한 대책을 만드는 데 매우 익숙하다. 전략 중심의 조직이 혁신과 도전을 슬로건으로 내세우는 것과는 전혀 다르다. 유지관리형 조직은 업무처리 또는 서비스하는 방식도 특이하다. 미래를 예상하고 미리 조치해 나아가는 선행 서비스(Before Service)란 개념은 없다. 모두가 사후 서비스(After Service)인 것이다. 주로 고객의 요청이 있으면 그때 그것에 맞춰 반응하는 것 그것이 전부이다. 그렇다고 고객의 요구에 사후적으로 대응하는 것이 잘못이라는 의미는 아니다. 그것마저 제대로 못하는 조직도 적지 않기 때문이다. 사후 서비스는 고객들에게 신선한 이미지를 주기는 어렵다. 고객들은 자신의 요청에 대한 응분의 댓가로 받는 서비스로 인식하여 고마움을 느끼지 못하기 때문이다. 또한, 사후 서비스를 중시한 조직은 고객의 대상에 따라 서비스의 품질이 달라지기도 한다. 고객의 목소리 크기와 서비스의 질이 정비례하는 경우도 많다. 다시 말하면 행패와 억지를 부리는 불량 고객일수록 그에게 주어지는 서비스의 양과 질이 더욱 좋아지기도 한다. 왜냐하면 그렇게 해야 문제가 발생하지 않고 그래야 일을 잘하는 것으로 평가 받을 수 있기 때문이다.

이와는 반대로 전략중심형의 조직은 전략적 목표에 따라 최적의 수단을 찾고 이를 수행함으로써 미래를 준비해가는 혁신형이다. 고객이 요청을 하기 전에 더 먼저 할 수 있는 서비스는 무엇인지, 같은 노력으로 더욱 질 좋은 서비스를 할 수는 없는지를 생각하면서 업무를 처리한다. 우리 조직은 과연 어떤 유형에 속할까?

〈표 3-1〉 유지관리형 조직과 전략 중심형 조직의 비교

구분	유지관리형 조직	전략 중심형 조직
전체적 이미지	현상유지	성장과 혁신
문제 대응방식	문제 발생 시 대책 입안 (사후관리에 초점)	사전 시나리오 설계 (사전예방에 초점)
서비스형태	후행서비스 (After Service)	선행서비스 (Before Service)
조직문화	과거지향적	미래지향적
환경의 전제	안정된 환경	불안정한 환경

2) 전략 중심의 조직으로 전환

가) 전략 중심의 조직을 위한 성과의 구조

전략 중심의 조직이 되기 위해서는 비전이나 전략목표를 중심으로 조직의 모든 자원이 집중되어야 한다. 다시 말하면 비전과 전략목표를 중심으로 이를 달성하기 위한 전략체계와 관리시스템이 작동되고 이를 효율적으로 지원할 수 있는 인프라가 구축되어야 한다. 좀 더 자세하게 설명하면, 비전을 전략목표로 분해하고 이를 달성하기 위한 수단으로써 전략과제를 도출하며, 그 전략과제의 실행을 통해 성과가 창출되는 선순환의 메카니즘이 제대로 구현되는 관리체계가 필요하기 때문이다. 이처럼 상위의 목표를 하위의 세부목표로 전개 분해하는 Top Down방식의 성과관리 체계는 상·하의 목표체계가 한 방향으로 정립될 수 있도록 도와준다. 이는 곧 최단 하위의 목표가 달성됨으로써 역으로 전략과제를 통해 상위의 전략목표가 구현되며 전략목표의 달성은 궁극적으로는 비전의 달성을 가져오게 한다. 이처럼 전략 중심의 조직은 Top Down방식으로 설계된 목표체계를 기반으로 하위의 목표달성이 자연스럽게 비전으로 연계되는 경영시스템을 그 특성으로 하고

있다. 전략 중심의 조직을 만들기 위해서는 최적의 성과관리 시스템과 이를 운영할 수 있는 조직 역량을 갖추는 일이 우선되어야 한다. 최적의 성과관리 시스템과 그에 적합한 역량 그리고 조직문화가 융합되어 시너지를 만들어 낼 때 전략 중심의 조직 구축은 그만큼 빨라지기 때문이다. 전략 중심의 조직이 내면화되고 정착될 때 구성원들은 업무를 보다 전략적으로 추진할 수 있고 그 결과로 비전이나 전략목표 달성은 그만큼 앞당겨질 수 있다.

〈그림 3-1〉 전략 중심형 조직: 목적과 수단관계의 전략체계

나) 전략을 기반으로 목표의 연계성 확보

성과관리의 목적은 이를 통해 조직의 경쟁우위력을 더욱 향상시키고자 함이다. 그러나 경쟁력이 말처럼 쉬운 것이 아니며 그에 수반되는 관리방법과 도구가 필요하다. 앞에서 언급한 성과관리 시스템은 이와 같은 목적을 체계적으로 구현하기 위한 효과적인 방법 중 하나가 될 수 있다. 다시 말하면 전략적

성과관리 방법론은 미션이나 비전을 달성하기 위한 전략체계를 목표와 지표를 중심으로 관리하는 데 탁월한 방법을 제시한다. 목표와 지표를 Top-Down 방식에 입각하여 하부로 Cascading(순차적인 세분화) 하면서 상세하게 전개하는 것이 특징이다. 따라서 전략과제와 목표 그리고 지표는 전사 차원에서 부서 차원으로 그리고 개인까지 하부로 연계되고, 개개인의 수행 실적이나 성과는 부서를 통해 결국 전사 차원의 목표달성으로 연결되는 순환과정을 거치게 된다. 이와 같은 통합적 구조와 전략적 운영 메카니즘의 결과로 전략적 성과관리는 다른 어떤 방법보다도 조직의 경쟁력을 높이기 위한 훌륭한 수단이라고 할 수 있다. 조직이 발전하고 성장하기 위해서는 현재 수행하고 있는 업무는 물론 비전에 걸맞은 사업이나 과제가 체계적으로 추진되어야 한다. 또한, 그 결과가 궁극적으로는 비전이나 전략목표달성에 기여함으로써 조직의 지속성장을 담보하도록 해야 한다. 전략적 성과관리는 이와 같은 접근 방법을 실무적으로 쉽게 적용할 수 있도록 체계화시킨 방법이라 할 수 있다.

〈그림 3-2〉 조직목표와 지표의 Cascading

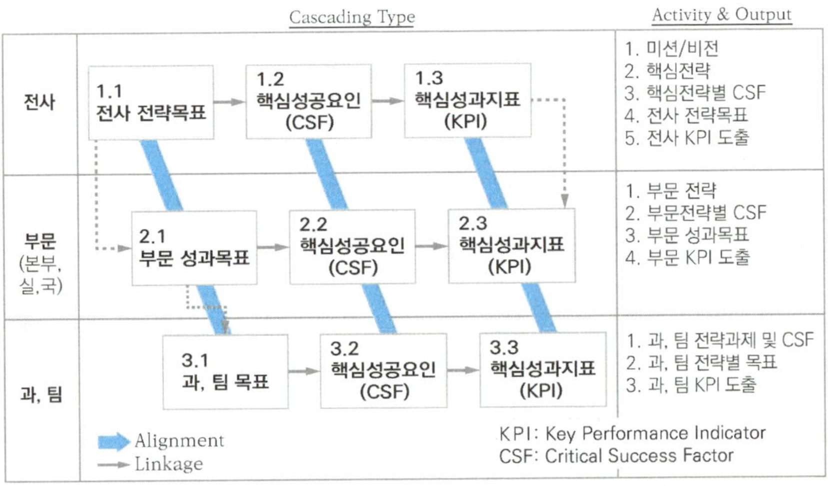

쉬어가기 **상위목표와 연계되지 않은 목표**

K사는 금년도 전략적 목표 중 하나로 전년 대비 20% 원가절감이라는 핵심목표를 설정했다. 각 본부와 부서들은 내부 워크숍을 통해 비용 감축을 위한 지표와 목표치를 도출했다. 생산부서에서는 가동률 15% 향상, 구매부서는 국산화율 85% 달성 그리고 영업에서는 신제품 시장 점유율을 10% 증가를 주요목표로 설정했다. 모든 부서들이 목표달성을 위해 매진했다. 그런데 연말에 결산을 해보니 원가절감은 당초 목표 20%를 훨씬 못 미치는 7%에 불과했다. 왜 그와 같은 결과가 발생했을까? 얼핏 보면 별로 문제가 없는 것처럼 보일 수 있다. 개별 목표가 달성되었을 때 과연 당해 연도 전사 목표달성은 가능한 구조였을까? 그렇지 않다. 전사적 목표는 원가절감인데 부서들의 목표는 그것과는 거리가 있는 목표를 설정했다. 물론 가동률 향상과 국산화율 비중 확대, 시장점유율 증가가 궁극적으로는 전사적 원가절감에 어떤 형식으로든 기여할 수는 있다. 그러나 전사적 목표가 금년에 해당하는 단기 목표인 점을 고려해야 했다. 어떤 목표는 그것을 달성하기 위해 원가를 감축하는 것보다 당장 더 많은 비용을 투자해야 했다. 결론적으로 금년도 목표달성을 위해서는 일단 변동비나 고정비를 줄이는 쪽에 초점을 맞췄어야 했는데 그 부분이 부족했다. 예를 들면, 가동률과 국산화 목표 달성에 추가적인 비용부담이 있다면 그 비용을 상회하는 원가를 감축할 수 있는 방법의 관점에서 접근했어야 했다. 가동률 지표의 경우 가동률의 향상과 원가절감과의 상관관계를 따져 몇% 이상을 가동하면 원가가 얼마나 절감되는지를 목표에 반영시켰어야 했다. 국산화율 역시 국산화 제품의 수입대체효과가 원가절감에 몇 %나 기여할 수 있는지 측정했으면 좋았을 것이다. 이와 같이 하위 목표들이 상위목표를 중심으로 상호 연계되지 않으면 기대한 만큼의 성과를 거둘 수 없다.

3) 지표 중심의 관리체계로 전환

지표 중심의 관리란 무엇인가? 조직에서 핵심적으로 관리해야 할 포인트를 성과지표(Performance Indicator)로 만들어, 이를 기반으로 합리적이고 과학적인 의사결정을 하는 일종의 관리방식을 말한다. 다시 말하면 설계된 지표의 변화와 움직임을 보고 결정의 판단 기준을 삼는 형식이다. 이때 의사결정의 근간이 되는 성과지표 체계는 비전과 전략목표 그리고 전략과제와 상호연계되는 구조를 갖는다. 구성원들은 그 구조 속에서 자신의 과업과 직결된 과제와 성과지표를 부여받고 그것의 달성을 위해 자원을 사용하게 된다. 성과지표의 수준은 관리의 품질에 지대한 영향을 미친다. 이는 성과지표의 품질과 관리수준의 품질은 비례한다는 말과도 통한다. 그래서 어느 조직이나 지표의 품질을 강조한다. 지표는 특정 과제 등 관리해야 할 대상의 목적달성수준 정도를 측정하는 기준이므로 그에 따른 수치의 변동을 잘 관찰해야 빈틈없는 관리가 가능하다. 지표가 나타내는 숫자의 의미는 곧 의사결정을 위한 정보로 활용된다. 따라서 지표를 설계할 때 과제가 추구하는 목적이나 주요 관리 포인트를 정확하게 고려해야 한다. 아무리 훌륭한 조직이라 하더라도 각각의 부서와 개인의 역할을 대표할만한 성과지표가 없다면 이는 무엇을 의미하는가? 혹은 성과지표가 있더라도 그 지표들에 근거한 의사결정을 할 수 없다면 조직 차원에서 무슨 가치가 있을까? 지표 중심으로 관리를 한다는 의미는 핵심영역에 대해 성과지표에 기반하여 선택과 집중이라는 전략적 접근을 하고 있음을 말한다.

4) 전략과제, 성과지표, 목표치 수준의 연계

지금까지는 과제와 지표 그리고 목표 수준에 대해 개별적으로 설명을 했다. 이와 같은 관점은 자칫 개별 요소에 대한 강조만 할 뿐 상호연계를 통한 균형성에 관해서는 간과할 수 있다. 실질적인 전략중심의 조직을 구현하려면 이 세 가지 요소가 그 수준에 있어 상호 연계성과 균형성을 유지해야 한다. 이들은 서로 밀접한 관계 속에서만이 성과의 시너지 효과를 창출할 수 있기 때문이다. 핵심적인 내용은 고부가가치의 전략과제가 충실하게 도출되었는가? 전략과제의 달성 정도를 제대로 측정할 수 있는 고품질의 성과지표가 설계되었는가? 그리고 성과지표에 따른 목표치가 도전적인가에 관한 것이다.

다시 말하면 전략과제가 아무리 훌륭해도 그것의 성과를 측정하기 위한 지표 품질이 높지 않거나 목표치 수준이 낮게 설정되면 전사 차원에서는 별로 의미가 없다. 마찬가지로 높은 품질의 성과지표가 설계되어도 목표치를 도전적으로 설정하지 않으면 이 역시 무의미하게 된다. 이처럼 이 세 가지 요소는 성공적인 성과관리의 트라이앵글로서 매우 유기적인 관계를 가지고 있는 것이다. 따라서 고부가가치의 전략과제와 그에 따른 고품질의 성과지표 그리고 그에 맞는 도전적인 목표치 설정이 성과관리에서 가장 이상적인 조합이라 할 수 있다. 아래의 그림은 이와 같은 관련성을 잘 보여주고 있다.

〈그림 3-3〉 성과관리 요소의 트라이 앵글

3

인재육성을 위한 시스템으로서 성과관리

1) 제도와 시스템을 통한 인적자원관리

첨단기술이 도입되고 일하는 방식이 선진화되었음에도 왜 모든 회사들은 우수한 인력을 확보하려고 안간힘을 쓰고 있을까? 아무리 우수한 설비와 최상의 여건을 갖추고 있더라도 이를 이용하여 최종적인 부가가치를 만들어 내는 것은 구성원들의 수준에 달려있기 때문이다. 모든 산업은 시간의 흐름에 따라 성장기를 거치고 성숙기로 접어들면서 치열한 경쟁상황을 맞이한다. 그와 같은 환경 속에서 경쟁력 없이는 조직의 발전과 성장을 꿈꾸는 것 자체가 성립되지 않는다. 그렇다면 경쟁력의 원천은 어디에서 나오는가? 여러 가지 요소가 언급될 수 있지만 그 중 핵심은 결국 우수한 인적자원이라 할 수 있다. 그래서 선진 우수기업들은 끊임없이 필요한 인재를 영입하기도 하고, 자체적으로 인재를 육성하여 활용하는 전략을 선택하기도 한다. 이 모든 활동의 전제는 '우수한 인적자원은 곧 경쟁우위'라는 공식과 맞닿아 있다. 그렇다면 이 공식은 항상 성립하는가? 그렇지는 않다. 우수한 인적자원을 경쟁우위라는 에너지로 전환시키기 위한 동인(Enabler)이 필요한데 그것이 곧 제도와 시스템이다. 제도나 시스템의 운영 성과는 구성원들의 역량과 그 수준에 따라 결정되며 그에 기반하여 경쟁력 있는 산출물들이 창출된다. 조직이 경쟁우위를 확보하기 위해서는 그에 걸맞은 제도와 시스템 그리고 전략적 인적자원 활용방안이 반드시 필요한 이유다.

2) 성과관리 시스템에 기반한 인재육성

성과관리 시스템이 어떻게 인재육성과 연계되는가? 인재육성을 논하면 자연스럽게 교육이 강조되지만 이는 너무 추상적이고 원론적인 대안에 지나지 않는다. 어떤 인재상을 말하는지 알 수 없을 뿐만 아니라 무슨 교육을 그리고 어떤 방식으로 얼마만큼 해야 하는가에 대한 구체적인 내용이 포함되어 있지 않기 때문이다. 이 문제를 해결하려면 적어도 두 가지 시스템이 필요하다. 제도적으로는 경력개발프로그램(Career Development Program)이며 다른 하나는 역량 중심의 교육과정(Competency Based Curriculum)이라 할 수 있다. 이 시스템들을 제대로 운영하고 정착시키기 위해서는 기본적으로 훌륭한 평가제도와 운영시스템이 수반되어야 한다. 평가제도와 시스템을 통해 부서나 개인의 성과 수준을 파악할 수 있고 그에 맞는 인재육성 전략을 설계할 수 있기 때문이다. 관리자는 부서나 개인 단위로 설정된 목표의 체계적인 모니터링과 평가를 통해 부하직원의 탁월한 부분과 부족한 부분을 확인함으로써 그들의 역량수준을 파악할 수 있다. 이를 기반으로 집단별, 개인별 맞춤형의 교육과정과 경력경로가 설계되고 적용될 때 인재육성은 효과를 발휘할 수 있다. 전략적 인적자원의 개발은 이와 같은 맞춤형 인재육성방식에서 출발하기 때문이다. 결론적으로 합리적인 평가시스템 없이 인재를 육성한다는 것은 허울 좋은 구호에 지나지 않는다. 최적의 성과관리 시스템과 평가도구를 활용하여 집단이나 개인의 성과 수준을 보다 객관적으로 평가할 수 있다는 것은 적어도 전략적으로 인재육성을 하기 위한 기반이 구축되어 있음을 의미한다. 세계적인 초일류 기업일수록 평가시스템이 엄격한 것은 이와 같은 사실을 뒷받침하고 있다. 잘못 운영된 평가시스템은 결국 인적자원 관리 영역에서도 악화가 양화를 구축하는 그레샴의 법칙을 시험하는 것이나 다를 바 없다.

4

균형과 통합을 중심축으로 한 성과관리

성과관리에서 균형은 부서와 개인 양 측면을 동시에 고려하여 어느 한 쪽으로 치우치지 않도록 하는 것이다. 따라서 비재무적 측면을 무시하고 재무적인 측면만의 성과를 강조한다든지 현재에 중심을 두어 미래 성과를 소홀하게 다루면 머지않아 불균형은 얼마든지 발생할 수 있다. 따라서 전사적 측면을 강조하면 당연히 부서 그리고 개인 측면을 동시에 고려해야 한다. 균형을 위해서는 다양한 관점을 다루되 어느 한쪽으로 치우치지 않도록 하는 것이 중요하다. 성과관리에서 통합은 다양한 요소들의 단편적인 부분이나 요소만을 고려하는 것이 아니라 최종 목적이나 목표를 위해 그들이 한 방향으로 나아가도록 촉진하는 것이다. 따라서 균형과 통합은 명확하게 정립된 방향과 체계 속에서 정리되고 전개될 필요가 있다. 결과적으로 성과관리 시스템은 다양한 관점을 전제로 하되 상호 균형을 통해 이들이 한방향으로 움직일 수 있도록 통합적 시각에서 접근되어야 한다. 이와 같은 관점에서 지금까지의 성과관리 방식에 대해 보다 근본적인 개선과 혁신을 위한 반성과 통찰이 필요한 시점이다.

제 Ⅳ 장
성과관리 시스템의 성공적 도입을 위한 고려사항

1. 성과관리 도입을 위해 사전에 검토해야 할 사항

2. 성과관리를 성공적으로 도입하기 위한 설계 포인트

1

성과관리 도입을 위해 사전에 검토해야 할 사항

어디에서나 새로운 변화를 위해서는 그에 필요한 조건이 존재한다. 성과관리도 마찬가지이다. 성과관리를 성공적으로 조직에 도입하기 위해서는 사전적으로 몇 가지 사항들을 점검해 볼 필요가 있다. 이는 다양한 고려사항들의 반영 수준에 따라 시스템의 도입 효과에 큰 차이가 발생하기 때문이다. 여기에서는 전략적 통합성과관리의 성공적인 도입을 위해 요구되는 몇 가지 사항들을 살펴보기로 한다.

1) 어떤 모습의 성과관리 시스템을 만들 것인가?

과연 성과관리 시스템은 누구를 위한 것이고 무엇을 달성하기 위한 것인가에 대한 명확한 컨셉을 정리할 필요가 있다. 얼핏 보기에는 오로지 조직의 생산성 향상만을 목적으로 하고 있는 것처럼 보일 수도 있기 때문이다. 그래서 가끔 성과관리를 노동착취의 수단으로 왜곡하여 편향된 해석을 하는 사람들도 있다. 대단한 편견에 의한 오해라 할 수 있다. 회사는 투입자원의 활용을 통해 산출과 성과를 극대화하고 이를 기반으로 재투자를 촉진하면서 발전의 선순환 과정을 만들어 내야 한다. 이때 이와 같은 경영적 메카니즘 속에서 전체 과정을 체계적이고 효율적으로 지원할 수 있는 관리시스템이 반드시 필요하다. 물론 관리시스템이 없다고 조직에 곧바로 문제가 발생하지는 않는다. 다양한 기능과 관련된 경영요소들이 유기적이고 체계적으로 맞물려 조직이 운영되기 때문이다. 성과관리는 조직의 다양한 분야에서의 성과관련 상황을 적시에 파악하고 예방과 조치를 통해 문제를 체계적이고 선제적으로 해결하는 데 있어 중요한 역할을 해야 한다. 단지, 지나간 과거의 데이터나 정보만을 제공해서는 곤란하며 그것마저도 간헐적이라면 더욱 그렇다. 따라서 최적의 의사결정을 위한 입체적인 분석과 시뮬레이션 등 다양한 기능이 제공되어야 한다. 이와 같은 시스템을 통해 조직은 지속적인 발전을 영위하고 개인은 그 결과로 직장의 안전성을 확보할 수 있게 된다. 더 나아가 회사는 구성원들로 하여금 미래의 비전을 구현하는 과정에서 자신의 역량발휘를 통한 성장이 충분히 가능하다는 믿음을 느끼게 할 필요가 있다. 그 믿음이 강할수록 더 강한 동기부여라는 엔진이 작동하기 때문이다. 결국, 성과관리 시스템은 회사와 개인의 상생과 상호 발전을 지원하는 도구이자 더 도전적이고 창의적인 조직문화를 만들어 갈 수 있는 훌륭한 수단이 되어야 한다.

2) 조직의 특성을 시스템에 어떻게 반영할 것인가?

우리가 평소 접할 수 있는 성과관리 시스템은 조직의 일반적인 여건을 표준으로 상정하고 설계되어 있다. 따라서 시스템을 도입할 때는 당연히 조직의 여건과 특성을 고려해야 한다. 이 과정을 커스터마이징(Customizing)이라고 한다. 이는 도입할 시스템에서 관리해야 할 중요 사항이 누락되거나 시스템의 운영방식이 업무적 특성 혹은 조직문화와 맞지 않아 발생할 수 있는 리스크를 사전에 예방하기 위한 것이다. 시스템의 전체적인 골격이나 컨셉은 유사하더라도 내부 직원들의 역량 수준이나 경험적 학습, 새로운 변화를 받아들이는 개방성 등 그 조직이 처한 여건에 따라 수용성과 정착의 속도가 다르기 때문이다. 그와 같은 이유로 회사마다 시스템을 도입하는 접근방법도 달라진다. 예를 들면, 성과관리 시스템 도입 초기에는 본사 중심으로 이를 우선 도입하고 다음 연도에 지사 등 하부조직으로 전파하는 경우가 있을 수 있다. 단계적인 도입이 필요한 경우에는 초기 연도에 시범실시를 위한 성과관리체계와 지표 개발 등 시뮬레이션 기반의 준비단계를 거쳐 차년도에 전면적으로 도입을 추진하기도 한다. 성과관리 시스템이 완벽하게 조직에 정착되고 내면화되기 위해서는 그에 상응한 시간과 노력이 절대적으로 필요하다. 다른 시스템 도입과 마찬가지로 일거에 모든 것을 해결하려면 그만큼의 노력과 시간이 소요되기도 하고 그에 비례하여 조직적인 저항에 부딪히는 경우가 많다. 신속하게 성과관리 시스템을 도입하는 것도 중요하지만 조직의 역량과 수준 그리고 수용 정도에 기반하여 보다 전략적인 접근 역시 필요하다.

3) 직원에게 성과관리 필요성을 어떻게 인식시킬 것인가?

우리는 일상생활을 하면서 하고 싶은 것과 해야만 하는 것이 일치될 때 그 성취에 대해 큰 보람을 느낀다. 조직생활에서도 높은 만족감을 체험하려면 같은 논리가 적용될 것이다. 성과관리에 대해 조직의 구성원들은 어떤 자세를 유지할까? 대부분 성과관리의 필요성은 인정하면서도 도입 여부에 대한 물음에는 의외로 인색한 편이다. 성과관리는 '좋고 싫음'의 문제가 아님에도 말이다. 이는 조직의 생존과 지속성장을 위한 그리고 비전과 전략목표를 효과적으로 달성하기 위한 관리수단으로 전사 차원에서 결정한 전략이자 정책이다. 회사가 성과를 만들어 내지 못하면 무엇으로 조직을 유지할 수 있는지, 회사가 성장하지 못할 때 개인은 조직에서 어떤 발전이 가능할지에 대한 간단한 질문만으로도 성과관리의 필요성은 충분히 깨달을 수 있다. 이처럼 중요한 선택이나 판단이 필요할 때는 선호에 대한 기준보다는 당위성에 대한 기준을 우선해야 한다. 조직의 운영시스템은 회사마다 내용이 다소 상이할 수는 있지만 탁월한 성과를 창출하기 위해 요구되는 관리에 대한 기본적인 콘셉트와 메카니즘은 동일하다. 전사적으로 구현해야 하는 전략이나 성과를 어디에서도 관리하지 않고 부서 혹은 개인들이 달성해야 하는 목표가 무엇인지 불분명하다면 구성원들 스스로 불안감을 느끼는 것이 당연하다. 만약 그렇지 않다면 그 조직은 어딘가에 심각한 문제가 있다고 보아야 한다. 그리고 스스로 질문을 해 보자. 왜 우리는 성과관리를 해야 하는가?

4) 현업 지향형 성과관리 시스템을 어떻게 구축할 것인가?

대부분의 조직에서 성과관리 부서는 별로 인기가 없다. 직원들에게 업무 부담을 주거나 괴롭히는 부서로, 또 평가에 따른 압박을 주는 부서로 낙인찍힌 경우를 쉽게 목격할 수 있다. 그 책임은 최고책임자를 비롯하여 구성원들에게도 있지만 가장 큰 책임은 성과관리 부서장에게 있다. 선진화된 조직일수록 구성원들이 성과관리 부서에 대한 중요성을 잘 인식하고 있음은 널리 알려진 사실이다. 그런데도 성과관리 부서가 그 가치를 인정받지 못하고 있는 이유는 직원들에게 성과관리의 필요성을 강조만 할 뿐 뭔가 가치 있는 역할을 수행하지 못했기 때문이다. 성과관리 부서는 현업부서의 어려움을 적극적으로 해소하고 시의적절한 정보제공을 통해 목표달성을 지원하는 등 보다 의미있는 역할을 다 해야 한다. 예를 들면, 최고 경영층에 성과관리 차원에서 주요 정보제공을 통해 어떤 중요한 의사결정을 도왔는지, 간부들에게 성과 관련 문제점을 피드백하여 이를 해결하고 목표를 잘 달성할 수 있도록 얼마나 지원을 했는지 생각해 볼 일이다. 틀에 박힌 성과관리 교육과 실적점검, 1년에 몇 번 하는 평가 등이 전부인 양 현업 지원을 소홀히 하지는 않았는지 말이다. 성과관리 부서는 비전을 달성하기 위한 조직 전체의 주요 핵심업무나 전략과제들을 성과관리라는 틀 안에서 관리하는 유일한 부서라 할 수 있다. 따라서 일상적인 관리에 머물러 있는 현재의 수준을 몇 단계 뛰어넘을 수 있는 입체적인 현업 지원 방안을 강구해야 한다. 특히, '업무 따로 성과관리 따로'와 같은 형태가 되지 않도록 스스로 철저하게 변화와 혁신을 서둘러야 한다. 그 결과 직원들로 하여금 성과관리 부서의 지원이 없이는 전략과제는 물론 전략목표 달성이 어렵다는 인식이 확산되도록 해야 한다. 성과관리 부서의 격을 스스로 높일 필요가 있다.

5) 성과관리 시스템을 어떻게 조기에 정착시킬 것인가?

짧은 시간에 성과관리 시스템을 조직에 완벽하게 정착시키기란 쉽지 않다. 세계적인 우수기업들도 직원들이 성과관리의 필요성을 스스로 느끼고 이를 조직운영의 중요한 수단으로 활용하기까지에는 많은 노력과 시간이 투입되곤 한다. 아무리 작은 시스템이나 제도라 하더라도 이를 조직에 새로 도입하는 데는 애로가 따르기 마련이다. 그러나 그것을 정착시키는 데는 몇 배나 더 많은 노력과 에너지가 필요하다. 모든 시스템 혹은 제도는 도입 자체가 목적이 아니라 정상적인 운영을 통해 기대했던 목적이 달성되어야 한다. 이를 위해서는 그것이 조직에 저항이 없이 자연스럽게 스며들어 업무 과정의 일부로서 활용되어야 한다. 우리는 이를 정착단계라고 부른다. 정착단계의 핵심은 내부 구성원들에게 새로운 시스템을 얼마나 조기에 연착륙(Soft landing)시켜 기회비용을 최소화할 수 있느냐에 달려있다. 특정 시스템이나 제도를 도입한 이후 정상적으로 운영을 못하여 천덕꾸러기 신세가 되는 경우를 종종 보아

왔다. 이는 조직 차원에서의 낭비뿐만 아니라 내부에 엄청난 후유증을 유발시킨다. 즉, 새로운 시스템과 제도에 대해 부정적인 내성이 만들어지고 전파됨으로써 또 다른 부분에 악영향을 끼치게 된다. 일단 성과관리 시스템을 도입하면 평소 나타나지 않던 새로운 문제점도 나타나고 시스템에 무관심하던 직원들도 다소 긴장을 하게 된다. 그 결과 대부분은 시스템이나 제도에 대한 장점보다는 단점이나 부정적인 요소들을 부각시키려고 한다. 특히, 자신들이 예상했던 방향과 다르다고 느끼면 보다 강하게 방어적인 자세를 취하거나 저항을 한다. 이런 상황 발생을 예방하기 위해 반드시 추진과정에서 단계별 교육이나 워크숍 등 다양한 변화관리 방법을 활용하는 것이 효과적이다. 설계단계에서부터 예상되는 문제점들을 미리 추출하고 이에 대처하는 지혜를 모아야 한다.

2

성과관리를 성공적으로 도입하기 위한 설계 포인트

1) 경쟁력 제고를 위한 인프라로서 충실한 역할을 하도록 한다

제자리에 머물러 있는 것은 곧 퇴보하는 것이다. 간혹 우리는 전진하지 않고 현 위치에 그대로 있으면 현상을 유지하는 것이라는 착각에 빠지곤 한다. 그러나 경쟁사회에서 현상을 유지하는 것은 곧 퇴보를 의미한다. 내가 멈추고 있는 동안 다른 경쟁자는 앞으로 나아가고 있기 때문이다. 조직은 지속성장을 전제로 한다. 이를 위해서는 경쟁력 확보가 필수적이다. 지금처럼 환경의 변화 속도가 빠른 상황에서는 더욱 그렇다.

경영성과를 극대화하기 위해서는 그에 상응한 관리가 필요하다. 리더가 상황에 맞는 관리방법과 시스템을 통해 부하직원들의 역량을 최고로 발휘할 수 있도록 하는 것도 같은 맥락에서 이해할 수 있다. 우리의 핵심 경쟁력은 무엇인가? 우리가 아직 일류가 아니라면 이 시점에서 무엇이 필요한가? 구성원들 스스로 이와 같은 질문들에 끊임없이 노출되고 단련되어야 한다.

전략적 성과관리 시스템은 비전 달성 더 나아가 지속가능한 경쟁력 확보라는 목표를 향해 조직을 앞으로 나가게 만드는 기관차가 되어야 한다. 그렇게 하기 위해서는 성과관리 시스템을 통해 경쟁력과 관련하여 현업에서 요구하는 다양한 정보가 제공될 수 있어야 한다. 다시 말하면, 요구사항들의 체계적인 분석과 평가를 통해 통찰력 있는 시사점들을 도출할 수 있도록 지원해야 한다. 회사는 조직과 개개인의 경쟁력 제고를 위해 무엇을 어떻게 지원해야 할 것인지 구체적인 전략적 방안을 고민해야 한다. 성과관리 시스템이 경쟁우위 확보를 위한 인프라로서 충분한 역할을 수행할 수 있는가의 여부는 최고 경영자의 열정과 의지에 달려있다. 회사의 경쟁력은 결국 최고 의사결정권자의 종합적인 리더십에 대한 결과물로 간주되기 때문이다.

2) 체계적인 성과관리로 일하는 방식의 혁신을 도모한다

일반적으로 성과관리 시스템은 업무성과를 측정하고 모니터링하는 도구로만 생각하고 있는 경우가 많다. 그런데 조금만 더 깊이 생각해보면 정교하게 설계된 성과관리 시스템 만큼 조직관리에 효과적인 도구가 없다고 해도 과언이 아니다. 성과관리 시스템은 부서나 개인들이 과업을 통해 도출해야 하는 성과가 적시에 적절한 수준으로 창출되고 있는지 확인함으로써 체계적인 피드백 활동을 할 수 있게 한다. 그 결과 부진한 성과에 대해서는 원인을 분석하여 적절한 조치를 취하기도 하고 그 과정에서 일하는 방식을 바꾸고 업무혁신을 위한 시도가 발생하기도 한다. 예를 들면, 과거보다 깊이 있는 성과 분석으로 의미 있는 시사점을 도출할 수도 있고, 입체적인 추세분석을 기반으로 다양한 전략을 시뮬레이션해 볼 수도 있을 것이다. 또한, 개인들로 하여금 목표지향적, 성과지향적 관점을 강화시키고 다수의 업무 중에서 우선순위를 설정하여 처리하는 습관을 몸에 익히게 한다. 그에 따라 각자는 성과관리 대상이 되는 중요한 과제나 업무 순으로 자원을 집중하되, 그에 속하지 않는 업무는 자원의 투입을 최소화하는 방향으로 행동하도록 유도한다. 이는 곧 전략을 기반으로 하는 자원의 활용 방향과 연계되어 경영의 효율적 운영에 도움을 줄 수 있다. 또한, 조직 차원에서 보면 비전이나 전략목표에 기여할 수 있도록 최적의 자원을 배분할 수 있게 한다. 조직의 어느 부분의 생산성이 떨어지고 있는지 혹은 계획 대비 실적이 저조한 부서가 어디인지 전사 차원에서 추적관리를 가능하게 한다. 관리자 입장에서는 지금까지 대면 형식의 직접보고를 통해 얻을 수 있는 과제 관련 이슈나 시사점을 언제 어디서나 실시간으로 파악할 수도 있다. 같은 역량 수준의 직원들이라 하더라도 시스템의 활용 정도에 따라 생산성의 차이가 발생할 수 있다. 성과관리 시스템을 활용할 수 있는 역량의 크기는 이를 얼마만큼 더 가치있게 사용하여 일하는 방식을 고도화할 수 있는가와 관련된다고 볼 수 있다.

3) 성과관리 시스템의 단계적인 고도화 방안을 설계한다

어떤 일이든 추구하는 목적을 완벽하게 달성하기 위해서는 이에 필요한 절차와 단계가 있게 마련이다. 새로 도입된 시스템 역시 조직에 따라서는 일거에 최고의 수준을 구현하기 어려울 수 있다. 그것은 구성원들의 공감대 수준이나 수용 역량의 부족 같은 내부적인 요인일 수도 있고 기술문제 등 외적 요인에 기인할 수도 있다. 어떤 경우든 시간이 지남에 따라 시스템의 최적화와 단계적인 고도화를 지향할 수밖에 없다. 성과관리 시스템을 통한 최고의 시너지 효과를 창출하기 위해서는 적시에 시스템의 단계적인 레벨 업이 필요하다. 성과관리 시스템이 도입되어 정상적으로 작동되기 시작하면 현업으로부터 다양한 개선 요구사항들이 발생할 수밖에 없다. 그러나 그 개선사항들을 시스템에 모두 한 번에 반영하기란 현실적으로 쉽지 않다. 그럼에도 불구하고 이들을 적극적으로 수렴하는 신속한 대응 역량은 매우 중요하다. 소극적인 대응은 현업부서로 하여금 시스템에 대한 불만을 야기시킬 뿐만 아니라 사용에 대한 거부감마저 일으키기 때문이다. 이처럼 실무적인 대응에서부터 고도의 의사결정을 위한 정보제공에 이르기까지 적극적인 대응을 위해서는 시스템의 단계적이고 지속적인 개선이 필요하다. 조직을 성공적으로 관리하기 위해서는 가능한 한 빠른 시간 내에 시스템 수준을 혁신해야 한다. 성과관리 시스템을 고도화하지 않고 관리 수준을 레벨 업 하는 것은 한계가 있기 때문이다. 따라서 전사 차원에서 성과관리 시스템에 대한 주기적인 모니터링과 입체적인 진단을 통해 약점을 보완해가는 접근방식이 필요하다.

4) 입체적인 방법으로 변화관리 전략을 구사한다

성과관리 시스템을 도입한 조직들이 상당한 기간이 지났음에도 이를 정착시키지 못한 경우를 볼 수 있다. 물론 여러 가지 원인이 있을 것이다. 시스템에 대한 직원들의 불만과 저항을 적기에 해소하지 못한 경우도 있고 도입은 했지만 목적에 맞게 지속적으로 개선을 하지 못하여 한계에 봉착한 경우도 있다. 성과관리 시스템을 성공적으로 도입하기 위해서는 우선 시스템에 대한 구성원들의 저항을 줄이는 것이 첫 번째이다. 이에 대한 효과적인 방법 중 하나는 구성원들에게 작더라도 성공의 경험을 맛보게 하는 일이다. 성과관리 시스템을 성공적으로 운영하는 회사를 벤치마킹하는 것도 좋은 예가 된다. 시스템이나 제도는 본질적으로 활용도가 저조한 상태에서 계속 방치하면 진화는 커녕 오히려 퇴보하는 속성을 가지고 있다. 일반적으로 성과관리 시스템에 대한 리더의 관심이 적어지고 열정을 가진 선구자 그룹이 줄어들면 퇴보 속도가 더욱 빨라진다. 그와 같은 슬럼프 상태로 일정시간이 지나면 성과관리는 전 구성원들에게 관심의 대상이 아니라 귀찮은 존재로 전락하고 만다. 이를 막으려면 스스로 개선이 이루어지는 자가발전적 동력을 확보해야 한다. 그 방법 중 하나가 상층부로부터 지속적인 리더십을 이끌어내는 방법이다. 동시에 같은 에너지를 아래로부터 확보하는 일인데 그것은 내부의 학습조직을 만드는 일이다. 학습 동아리 운영 등 자율적인 동력 확보가 어느 정도 가능하면 그들 스스로 동아리를 이끌어 나갈 수 있도록 지원하는 일이 중요하다. 조직은 이처럼 가치있는 지식을 창출하고 공유할 수 있는 시스템이 활발하게 작동하는 문화가 성숙될수록 경영체질이 강화되는 법이다.

5) 성과관리가 구성원들에게 비전 구현의 촉진제가 되게 한다

어느 회사나 비전을 설정하고 이를 달성하기 위해 노력한다. 조직에서 비전은 그만큼 중요하다. 회사가 미래지향적인 동력을 확보해야 더불어 개인의 성장이 동반될 수 있기 때문이다. 그렇다면 이를 달성하는데 필요한 성과관리 시스템은 어떻게 설계해야 하는가? 비전에서부터 일반업무에 이르기까지 상위목표와 하위목표 간의 체계적인 연계성을 확보하고 이를 빈틈없이 실행할 수 있는 시스템적 지원이 수반되어야 함은 두말할 필요가 없다. 그렇게 해야만 과업의 실행을 통해 나타나는 성과물을 측정하고 적절한 방법으로 피드백할 수 있기 때문이다. 현재 운영하고 있는 성과관리 시스템으로 과연 경쟁력 있는 조직을 만들 수 있는지 냉정하게 분석해 볼 필요가 있다. 아무리 훌륭한 시스템이라 하더라도 성과관리 시스템 자체가 비전을 달성할 수는 없다. 따라서 성과관리 시스템이 비전 실현의 구체적이고 훌륭한 수단으로 작동하도록 해야 한다. 대다수의 사람들은 비전이 명확한 상태에서 그것을 향해 뛸 수 있도록 동기를 적절하게 부여하면 능력 이상의 에너지를 발휘하게 된다. 우선, 성과관리 시스템을 통해 구성원들에게 체계적이고 참여적인 방법으로 도전적인 목표를 설정하도록 하고, 그 성과에 대해서는 객관적인 평가와 그에 따른 보상이 충분하게 뒤따르도록 해야 한다. 개인들이 의지와 열정을 기반으로 최대한의 역량을 발휘하도록 해야 하기 때문이다. 성과관리 시스템이 구성원들로 하여금 비전을 향한 동력과 에너지를 유감없이 발휘할 수 있게 하는 유인력을 갖게 할 수만 있다면 기대 이상의 성과 창출이 가능할 것이다.

제 V 장
성과관리 시스템 구축 방법론

1. 성과관리를 위한 전략체계 재정립

2. 성과관리 시스템의 설계방법

1

성과관리를 위한 전략체계 재정립

1) 미션의 설정

성과관리체계를 구축하기 위해서는 우선 조직이 추구하는 미션과 비전의 설정이 중요하다. 미션은 조직에서 중요하게 맡겨진 목표나 과제를 말한다. 즉, '우리 조직이 왜 지구상에 존재해야 하는가?'에 대한 명쾌한 대답이라 할 수 있다. 미션이 중요한 이유는 조직의 존재 목적 혹은 존재가치가 명확하지 않으면 이를 구현하기 위한 기능과 역할이 제대로 정립되지 않기 때문이다. 그에 비해 비전은 조직이 장기적으로 추구하는 바람직한 모습을 말한다. 즉, 장기적인 목표라 할 수 있다. 따라서 비전은 구성원들이 목표를 향해 일정한 방향으로 역량을 집중해 나아가도록 지원하는 지침이 된다. 결과적으로 미션과 비전은 조직의 지속성장을 위한 핵심이자 근간이라 할 수 있다. 다시 말해 미션(Mission)은 존재 이유에 대한 철학적 수준의 대답이므로 시간이 흘러도 변화되지 않는 특징을 가지고 있다. 그러나 비전은 얼마든지 달라질 수 있다. 또한, 미션이 외부고객의 관점을 중시하는 것에 비해 비전은 내부 고객을 중요하게 다룬다. 실무적으로 미션을 설정할 때는 최종의 고객 입장에서 그들이 요구하는 니즈를 추출하고 그중에서 가치가 있는 키워드를 활용하여 문장화하는 방법을 사용한다.

〈표 5-1〉 미션(Mission)설정 예시

질문	우리는 왜 존재해야 하는가?	
구분	고객니즈(키워드)	미션(Mission)
M 제약회사	건강 증진, 치료와 예방, 건강한 인류…	인류의 건강을 지키고 향상시킨다
보건복지기관	건강한 삶, 행복한 사회, 더불어 사는 공동체…	건강하게 더불어 사는 행복한 사회를 구현한다
농부	안전한 농작물, 품질 좋은 농산물, 건강한 먹거리…	농작물을 안전하게 경작하여 수요자가 요구하는 최적의 먹거리를 제공한다

2) 중장기 비전의 수립

비전(Vision)은 환경에 따라 변화할 수 있는 것으로 구성원들의 의지가 반영된 장기목표라 할 수 있다. 일반적으로 회사가 5년~10년 후에 도달하고 싶은 미래의 바람직한 모습이다. 다시 말하면, 구성원들의 장기적인 열망과 기대를 구체화한 결과물이라 해도 무리가 없다. 미션이 고정적인 이미지에 비해 비전은 변화 가능성이 상대적으로 높다. 시간의 흐름에 따라 설정하는 목표 수준이 달라지기 때문이다. 따라서 비전은 미션과 달리 표현에 있어 대체적으로 위상, 순위, 수준을 나타내는 표현이 수반된다. 비전을 설정할 때는 주로 구성원들의 입장에서 그들이 장래에 기대하는 바를 추출하여 문장화하는 방법을 사용한다. 그러므로 구성원들의 적극적인 참여가 필수적이며 다양한 방법으로 공감대를 형성하는 것이 중요하다.

〈표 5-2〉 비전(Vision)설정 예시

질문	10년 후에 어떤 모습의 회사가 되고 싶은가?	
구분	구성원 니즈(키워드)	비전(Vision)
D 회사	품질 경쟁력, 종합 생산성, 세계 시장 점유율…	세계 동종 업계에서 품질 경쟁력 1위, 시장 점유율 1위 달성
K 기관	최고의 브랜드 인지도, 종업원 만족도 1위, 일류 회사…	세계인 모두가 인정하는 최고 기관, 직원 만족도 1위의 일류 직장
농부	최고의 생산성, 최첨단 농업, 최대 스마트팜 농장…	국내 생산성 최고의 스마트팜 농장 경영

쉬어가기 **비전과 꿈의 차이**

비전(Vision)은 막연한 꿈(Dream)과는 다르다. 꿈이 '하고 싶은 것' 혹은'되고 싶은 것'과 같은 막연한 소망을 의미하는 것이라면 비전은 '언제까지 무엇을 반드시 이루는 것'이라는 의지를 표현하고 있다. 즉, 기한을 전제로 한 미래의 청사진이라고 말할 수 있다. 따라서 꿈은 달성을 하지 못하더라도 그것으로 끝날 수 있지만 비전은 달성을 못했을 때 상대적으로 책임 문제가 따를 수 있다. 우리는 어린 시절에 원대한 꿈을 꾸기도 한다. 그러나 그것이 실현되지 못한 가장 큰 원인은 기한을 전제로 한 단계적이고 구체적인 목표 수준을 설정하지 못한 것에도 그 원인이 있다. 그 결과 실행력을 이끌어내기 위한 구체적인 방법과 행동이 뒤따르지 못하게 된다.

3) 비전 중심의 전략체계도 설계

전략체계는 조직이 추구하는 비전이나 전략목표를 효율적으로 달성할 수 있도록 구조화한 개념도를 말한다. 전략체계를 수립하기 위해서는 설정된 미션, 비전을 달성하기 위한 구체적인 전략목표를 설정한다. 전략목표는 조직의 특성에 따라 부문별 혹은 사업별로 구분하여 확정하고 가능하면

계량화하는 것이 좋다. 그렇게 해야 그에 맞는 전략과제를 충실하게 도출할 수 있기 때문이다. 다음으로 전략목표를 효과적으로 달성하기 위해 필요한 전략과제를 다양한 관점에서 도출하고 과제 풀(Pool)을 구성한다. 과제 풀(Pool)에 있는 전략과제에 대해서는 사전에 정해진 기준에 의해 평가를 실시한 후 우선순위에 따라 당해 연도 추진 전략과제로 선정한다. 전략과제는 외적인 환경변화에 적극적으로 대응하기 위한 최적의 방법과 수단이므로 변화된 환경에 맞게 주기적으로 지속적인 롤링이 필요하다. 전략체계 역시 논리적 연계 관계를 중시한다. 전략체계는 미션이나 비전의 달성 프레임을 한눈에 알아볼 수 있도록 이미지화하는 것이 좋다. 이는 전사 차원에서 추구하는 목표를 향해 관련된 역량의 벡터를 한 곳으로 집중시키는 역할을 충실하게 하도록 해야 하기 때문이다. 따라서 훌륭한 전략체계는 조직을 효과적이고 효율적으로 관리하기 위해 반드시 필요한 뼈대라고 할 수 있다. 결과적으로, 모양만 갖추거나 형식적인 전략체계로 경쟁 우위를 도모한다면 이는 전략경영을 포기하는 것이나 다를 바 없다.

4) 전략체계 기반의 성과관리 시스템 구축

전략체계는 조직 전체가 어느 방향으로 움직이고 있으며 어디로 가야 하는가를 표시해주는 큰 그림(Big Picture)이라 할 수 있다. 한편, 성과관리체계는 설정된 비전이나 전략목표를 효과적으로 달성하기 위해 성과라는 콘셉트를 기반으로 목표와 달성 수단의 관계를 논리적으로 연결한다. 따라서 성과관리 시스템은 전략체계가 잘 구현될 수 있도록 지원을 하고 전략체계는 최적의 성과관리 시스템을 설계하는데 기본적인 프레임을 제공한다. 한 마디로 성과관리 시스템은 전략체계를 활용하여 이를 구현하기 위해 필요한 다양한 활동들을 구체적인 성과로 전환시키는 역할을 수행한다. 따라서, 전략체계는 최상단에 미션과 비전을 위치시키고 그 하부에 전략목표, 성과목표, 전략과제 순으로 캐스케이딩(Cascading) 하는 형태를 갖는다. 성과관리는 이와 같은 전략체계를 단순화하고 구체화하여 하부단위까지 체계적으로 연결시키고 그 관리를 용이하게 하기 위하여 전략 맵(Strategy Map) 혹은 전략지도라고 하는 도구를 활용한다. 이와 같은 전략적 구조와 연계된 관리시스템이 갖춰지면 전사적인 목표가 관련 부서와 개인들에게 어떻게 연계되며 누가 무엇을 얼마나 해야 하는지 스스로 관리가 가능해진다. 아래의 그림은 전략체계와 성과관리체계를 간단하게 비교하여 표시하고 있다.

〈그림 5-1〉 전략 기반의 성과관리체계

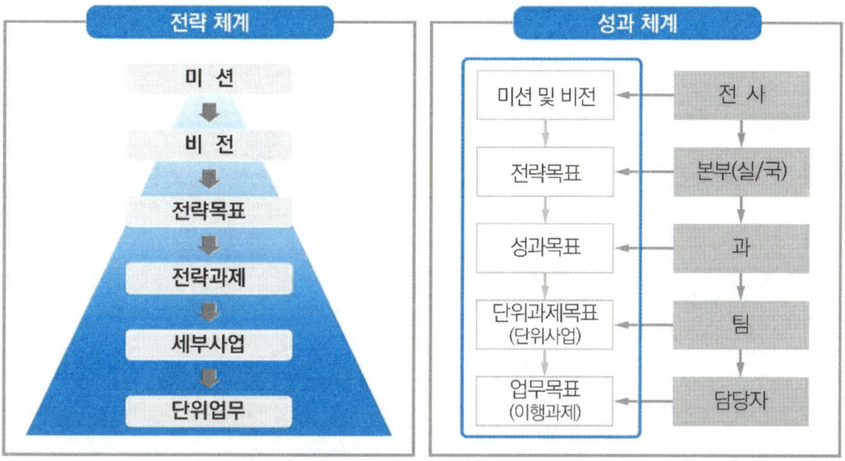

5) 성과관리 시스템에서 전략과제와 업무의 연계

전략체계와 성과관리 시스템은 큰 틀에서 Top Down방식에 의해 관련된 과제 혹은 사업들을 목적과 수단의 관계로 전개하는 것이 큰 특징이라 할 수 있다. 따라서 상위의 목표들은 어떤 방식으로든 부서의 목표로 그리고 구성원들의 업무로 연계된다. 성과관리 시스템에서 미션, 비전은 전사 차원의 성과관리영역이며 성과목표나 전략과제는 부서 수준에서 성과를 관리하는 영역이다. 부서의 관리대상인 전략과제로서 성과를 창출하기 위해서는 그에 필요한 사업활동이 전제되어야 하고 이를 관리하기 위해서는 과제나 사업별 성과지표가 필요하다. 성과지표는 가능하면 과제나 사업의 목적달성 수준을 직접 측정할 수 있는 대표성 있는 계량지표가 바람직하다. 성과지표에 따른 목표치를 달성하기 위해서는 그에 필요한 세부적인 과업이나 업무 활동이 구체적으로 연계되어야 한다.

〈그림 5-2〉 전략과제와 업무의 상호 연계

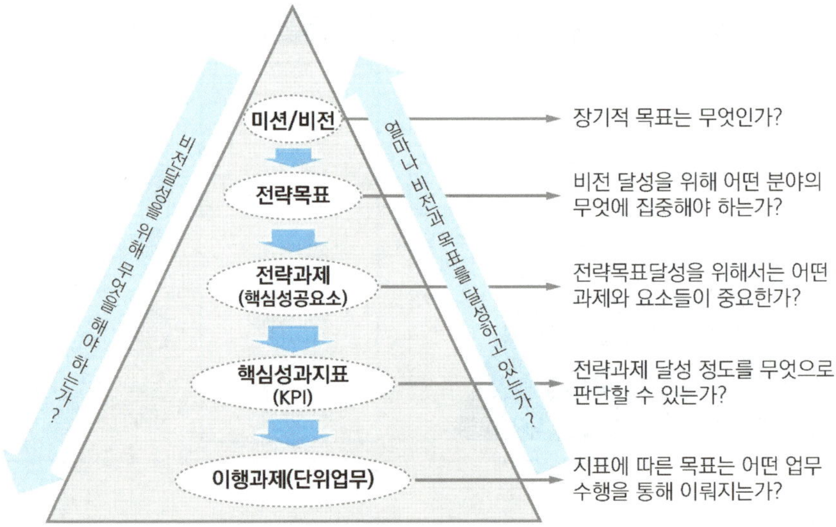

전략과제는 위로 전략목표와 연결되고 아래로는 주요사업 또는 핵심업무와 연계되는 구조를 가지게 된다. 핵심업무는 다시 세분화된 단위업무나 활동들로 이루어진다. 주요사업이나 핵심업무가 세분화되는 수준은 조직마다 차이가 있다.

〈표 5-3〉 전략과제와 업무 활동의 연계 예시

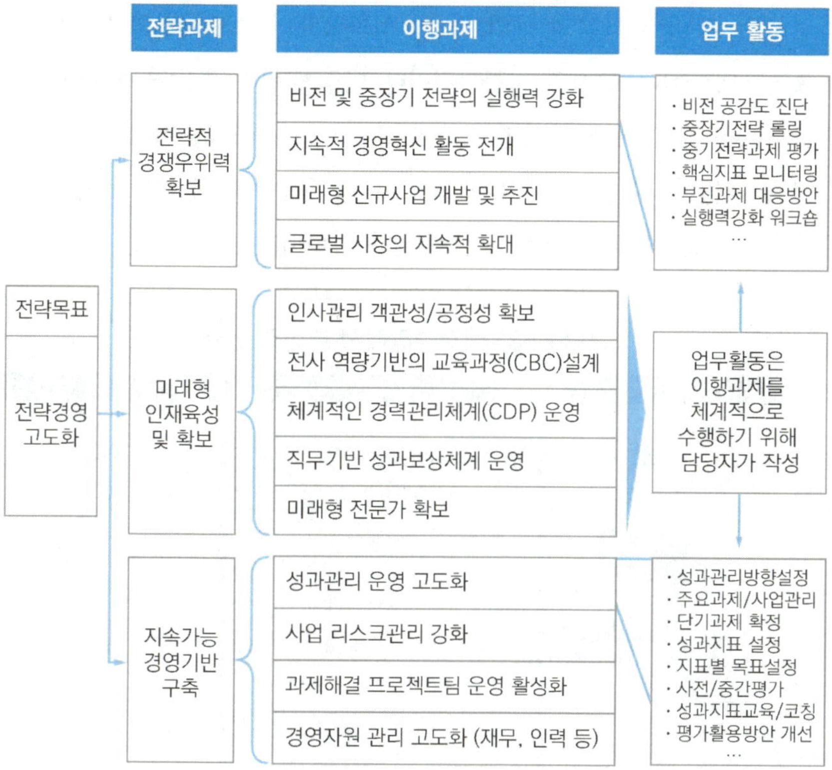

6) 성과관리 시스템의 통합과 연계

성과관리의 궁극적인 목표는 성과관리를 통해 보다 경쟁력 있는 조직을 만드는 것이다. 따라서 체계적인 성과관리는 거시적으로 볼 때 조직이 추구하는 전략목표를 통해 비전이 잘 달성되도록 도와주며, 미시적으로는 개인의 업무성과가 부서를 통해 조직의 목표로 잘 연결될 수 있도록 교량 역할을 해 준다. 그렇다면 보다 구체적으로 매개체 역할을 하는 요소는 무엇인가? 결국, 개인과 부서의 활동으로 전환되는 과제와 그에 따른 지표 그리고 목표라는 수단이다. 비전이 잘 달성되려면 하위요소인 전략목표의 달성이 전제되어야 하고 이는 곧바로 다음의 하위요소인 성과목표나 주요사업의 목표달성을 필요조건으로 한다. 그 역도 마찬가지이다. 이렇게 상하 간의 연계(Linkage)와 통합(Integration)이 반복되면서 자연스럽게 전략목표와 비전은 달성되고 구현될 수 있다. 성과관리의 체계화와 고도화 수준은 이와 같은 연계와 통합 수준의 심화를 의미한다고 해도 틀린 말은 아니다.

〈그림 5-3〉 성과관리에서 통합과 연계

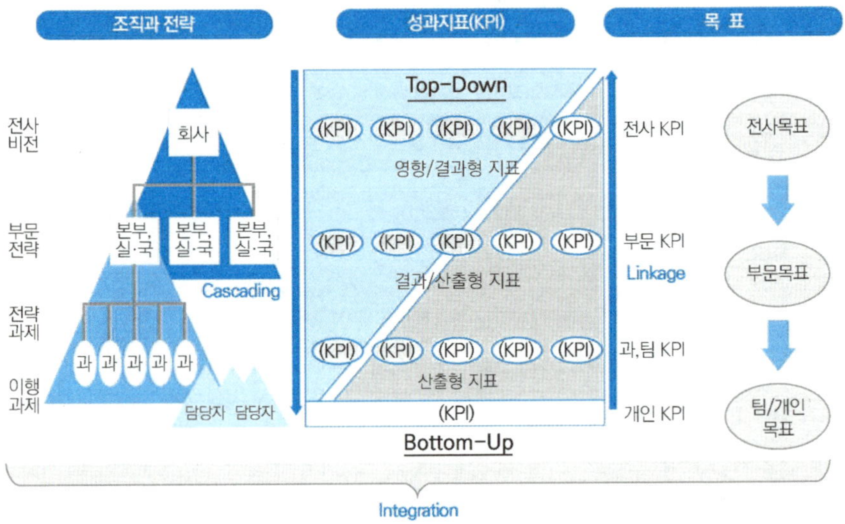

2

성과관리 시스템의 설계방법

1) 전략 집중형 성과관리 모형 구축

전략적 통합 성과관리는 조직을 전략 집중형으로 만들기 위한 유도장치이며 이를 체계적으로 달성하고 관리하기 위한 수단이라고 할 수 있다. 전략적 성과관리 시스템을 구축하기 위해서는 조직이 전략적으로 접근할 수 있는 성과관리의 큰 방향을 제시하면서 이에 해당하는 모형을 상정할 필요가 있다. 여기에서는 이를 전략적 통합 성과관리 모형이라고 부르기로 한다.

〈그림 5-4〉 전략 집중형 전략적 통합 성과관리 모형

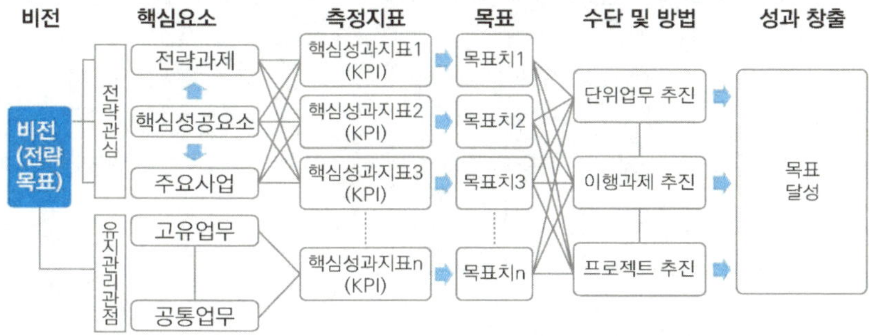

전략 집중형은 미션과 비전을 향해 조직의 모든 역량을 결집하는 하나의 전략적 유형을 말한다. 구체적으로 말하면, 모든 조직과 개인의 활동이 비전 혹은 전략목표의 달성이라는 명제에 집중되어 있다. 전사적인 목표가 부서와 개인까지 연결되어 있어 개개인의 목표달성이 부서목표는 물론 조직 전체의 전략목표를 통해 비전에 기여할 수 있도록 설계된 형태를 말한다.

2) 전략 맵(Map)의 설계

가) 전략 맵(Map)의 가치

전략 맵이란 특정 조직이 추구하는 비전을 달성하는데 꼭 필요한 핵심 성공 요소들을 도출하여, 이들 간에 존재하는 인과관계를 도표화한 그림이다. 전략적 통합 성과관리의 큰 줄기는 전략 맵을 기반으로 연계와 통합성이 이뤄지므로 설계에 심혈을 기울여야 한다. 체계적으로 설계된 전략 맵은 조직이 지향하는 목표와 전략적 방향을 한눈에 파악할 수 있도록 해준다. 특히, 비전과 전략목표를 어떻게 달성하고자 하는지 알려주며, 전 구성원들이 이를 쉽게 공감할 수 있도록 도와준다. 그러므로 전략 맵은 장기적 관점에서 체계적이고 논리적인 구조와 균형성을 갖춰야 한다. 전략 맵을 작성하는 방법은 조직의 특성에 따라 다를 수 있으나 추구하는 목적은 동일하다. 아래 그림은 기업 사례와 공공기관의 사례를 보여주고 있는데 관점의 배치가 서로 다름을 알 수 있다.

〈그림 5-5〉 전략 맵의 예시(기업 사례)

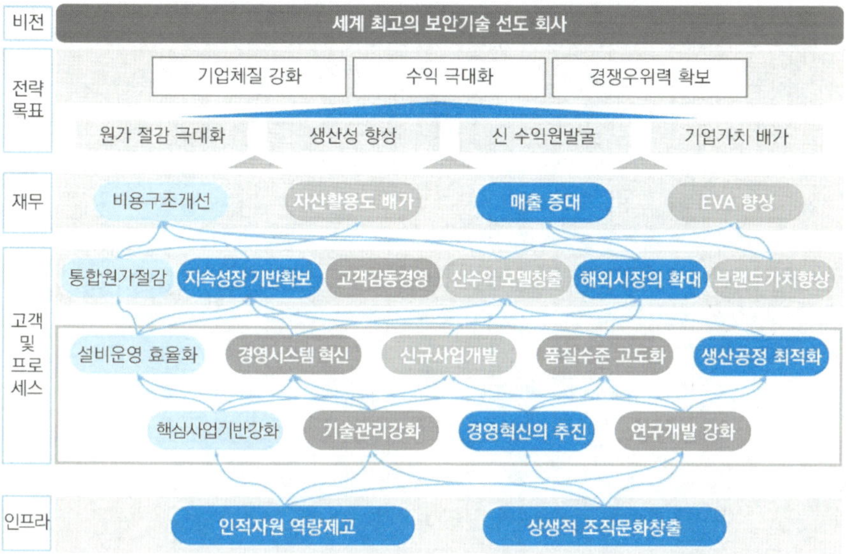

이 전략 맵이 나타내고 있는 의미는 무엇일까? 비전 달성을 위해 기업 체질을 강화하고 수익을 극대화하는 등 3대 전략목표를 설정하고 있다. 이를 구현하기 위한 전략 맵의 틀을 간단하게 살펴보면 학습과 혁신을 기반으로 다양한 핵심사업을 체계적으로 추진하고 관련 프로세스를 최적화한다. 이를 통해 창출된 효과는 보다 높은 고객만족으로 연결되어 결과적으로 회사의 재무적인 목표를 달성하도록 하고 있음을 알 수 있다. 전략 맵의 각 관점에 속한 핵심성공요소(혹은 핵심사업)들과 회사가 추구하는 전략목표가 어떻게 연계되는지를 잘 보여주고 있다.

〈그림 5-6〉 전략 맵의 예시(공공기관 사례)

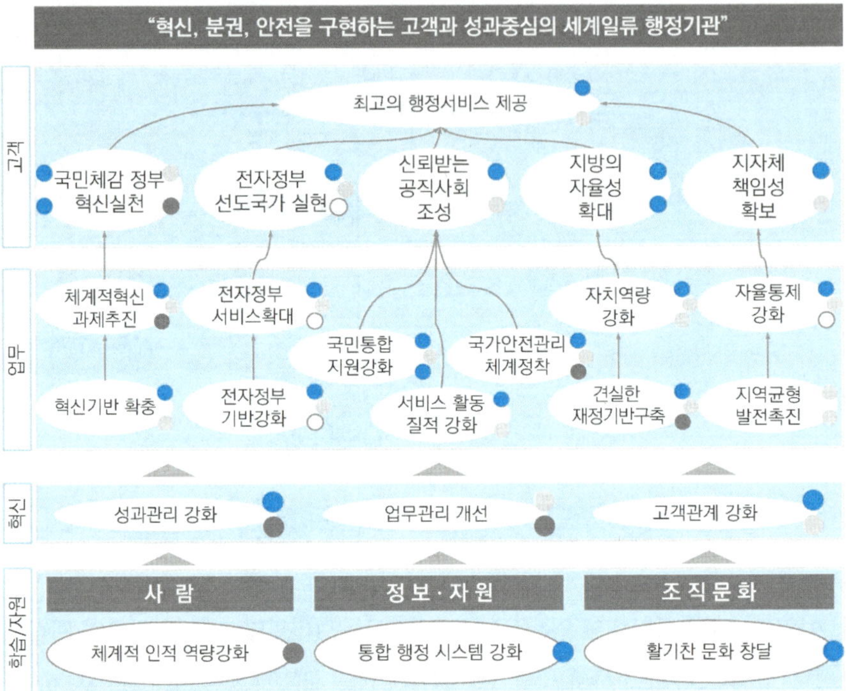

공공기관의 전략 맵은 재무적인 목적보다는 고객만족과 삶의 질 향상 등에 초점을 맞춘다. 이것이 기업과 다른 부분이다. 공공기관의 경우 재무적인 영역은 달성해야 할 목표의 성격이라기보다는 사업을 추진하기 위한 필요 자원으로서 특성이 강하기 때문이다. 전략 맵을 살펴보면 우수한 인적자원과 재무적 자원을 활용하여 다양한 사업들을 체계적으로 추진하며 지속적인 혁신을 통해 조직의 경쟁력을 강화시킨다. 이는 생산성 향상을 도모하는 한편, 궁극적으로 사업의 성공적인 추진 효과가 공공부문의 최종 소비자인 고객 만족도를 향상시킴으로써 비전을 달성해가는 전략적 접근을 시도하고 있다고 볼 수 있다.

나) 전략 맵(Map)의 설계방법

(1) 먼저, 전략 맵을 설계하는 목적이 무엇인지 명확하게 해야 한다. 그런 다음 전체적인 구도를 고려하여 관점을 구분한다. 일반적으로 재무, 고객, 프로세스, 학습과 혁신으로 관점을 분류하는데 이는 조직에 따라 다르게 설정할 수 있다.

(2) 조직이 도달하고자 하는 비전과 그에 따른 구체적인 전략목표를 설정한다. 전략목표는 하부의 핵심 기능을 포괄하여 지향하는 바를 함축적으로 표현해야 한다.

(3) 전략목표를 적절하게 범주화한다. 전략목표는 명확할수록 좋으며 보통 3~4개 정도가 일반적이나 기능의 독립적 특성이 강한 경우는 추가되기도 한다.

(4) 전사적인 전략목표를 달성하는데 필요한 핵심 기능을 정리한다. 핵심 기능의 개수는 전사적으로 20여 개 정도가 적정하지만 가독성을 해치지 않는 범위에서 조정이 가능하다.

(5) 핵심 기능 간 상호 중복되거나 연계된 부분은 범위를 적정하게 조정하되 핵심 기능과 전략목표와는 연계성을 강화한다.

(6) 핵심 기능이 확정되면 이를 통해 구현해야 하는 목표를 고려하여 축약된 표현으로 문구를 만든다. 이때 표현은 다소 추상적이고 포괄적으로 하는데 이는 가능한 한 많은 전략과제를 담을 수 있는 용기의 역할을 하기 때문이다.

(7) 이렇게 표현된 문장은 핵심 성공요소(Critical Success Factor: CSF)로 확정하고 앞에서 정해진 관점별로 배치한다. 1차 배치가 완료되면 핵심 성공요소 간의 관련성을 검토하면서 인과관계를 파악하고 선으로 연결한다.

(8) 전체적으로 전략 맵을 검증한다. 조직의 비전과 전략목표 달성을 위해 설정된 핵심 성공요소가 필요충분 요건이 되는지 확인한다. 이를 위해서는 탑다운과 바텀업 방식을 병행하여 활용한다.

3) 전략 맵(Map)의 공유

성과관리 시스템을 구체화하기 위해서는 이를 추진하기 위한 기본적인 방향과 목적에 대한 구성원들의 충분한 이해와 공유가 필요하다. 집을 지을 때 기본설계도가 제대로 되었더라도 작업자들이 이를 잘못 이해하여 오류를 범하게 되면 생각했던 것과 다른 형태의 집이 만들어질 수밖에 없기 때문이다. 그러나 현업에서는 이 부분을 소홀히 하는 경우가 비일비재하다. 서로 바쁘다는 핑계와 자신의 업무가 아니라는 이유 등 다양한 변명들이 존재한다. 그러다가 막상 시스템이 구축되고 가동되기 시작하면 구성원들은 많은 불만과 불평을 쏟아낸다. 소 잃고 외양간 고치는 식이다. 이와 같은 업무 관행이 다소 개선은 되었지만 지금도 여전하다. 개선되지 못한 원인은 무엇일까? 전략 맵의 공유 단계는 시스템 구축 이후에 발생할 수 있는 오류를 최대한 제거하고 시스템을 조기에 정착시키기 위해 필요하다. 체계적인 검토와 공유를 통해 제기되는 의견들을 입체적으로 수집하고 스크린하여 시스템 설계에 반영함으로써 성과관리의 품질을 향상시키는 것이 목적이다. 이 단계를 쉽게 지나치면 결국 이후에 발생하는 비효율과 불편은 회사뿐만 아니라 개인들 스스로 감수해야 할 몫이다.

4) 핵심 성공요소(Critical Success Factor : CSF)

핵심 성공요소(CSF)란 말 그대로 특정 목적을 달성하는 데 있어 가장 중요한 수단적 요소를 말한다. 따라서 핵심 성공요소가 완벽하게 수행되지 않고서는 비전이나 전략목표를 효율적이고 효과적으로 달성할 수 없다. 그렇다면 이와 같은 CSF는 어떤 특성을 가지고 있는가? 우선 비전과 전략목표를 달성하기 위한 수단으로서 다른 한편으로는 하부에 전개되는 전략과제를 무리없이 담을 수 있는 그릇으로서 역할을 수행해야 한다. 주의해야 할 점은 최소한 이 두 가지 역할을 완벽하게 구현할 수 있는 수준의 CSF가 도출되어야 한다. CSF는 전략 맵의 핵심적인 구성요소들이면서 다른 한편으로는 전략과제를 잉태하는 촉진자적 매개체라 할 수 있다. 그러므로 CSF는 전략목표가 변경되지 않는 한 고정적인 경우가 많다. 대신 CSF 달성에 필요한 전략과제나 핵심사업들이 단기 전략의 우선순위에 따라 변경될 가능성이 높다. CSF는 짧은 기간에 몇 개의 전략과제나 핵심사업으로 완전하게 구현되기 어렵기 때문이다. 그러므로 하나의 CSF에는 다수의 전략과제 혹은 핵심사업이 수반되어 순차적으로 추진되는 것이 일반적이다.

〈표 5-4〉 CSF와 전략과제의 연계 예시

<table>
<tr><th>CSF
(핵심 성공요소)</th><th>전략과제</th><th>우선순위</th><th>추진기간</th><th>성과관리반영</th></tr>
<tr><td rowspan="5">통합원가절감
체계구축</td><td>부품 어셈블리화</td><td>4</td><td>단기</td><td>1차년도</td></tr>
<tr><td>핵심설비 국산화</td><td>10</td><td>중기</td><td>2차년도</td></tr>
<tr><td>유연생산시스템 적용
(1, 2공정)</td><td>8</td><td>중기</td><td>3차년도</td></tr>
<tr><td>해외사업부 통합</td><td>1</td><td>단기</td><td>1차년도</td></tr>
<tr><td>---</td><td>-</td><td>-</td><td>-</td></tr>
<tr><td rowspan="4">경영시스템
혁신</td><td>성과관리 시스템 고도화</td><td>3</td><td>단기</td><td>1차년도</td></tr>
<tr><td>시나리오 경영기반 구축</td><td>7</td><td>중기</td><td>2차년도</td></tr>
<tr><td>중장기 전략개발 및 롤링</td><td>12</td><td>장기</td><td>3차년도</td></tr>
<tr><td>---</td><td>-</td><td>-</td><td>-</td></tr>
<tr><td rowspan="2">---</td><td>---</td><td>-</td><td>-</td><td>-</td></tr>
<tr><td>---</td><td>-</td><td>-</td><td>-</td></tr>
</table>

5) 전략과제의 체계적인 발굴 및 선정

한 조직의 비전이나 전략목표 달성은 이에 필요한 핵심 성공요소를 얼마나 잘 구현할 수 있는가에 달려 있다. 그런데 핵심 성공요소를 구현하기 위한 직접적인 수단은 다름 아닌 전략과제이므로 핵심 성공요소의 성공적 구현을 위해서는 질 높은 전략과제가 요구된다. 이는 그와 같은 전략과제들의 추진에 의해서만이 핵심 성공요소를 차질없이 실현시킬 수 있고 그 결과 전략목표나 비전 달성이 가능하기 때문이다. 현업에서는 전략과제를 주요사업과 동일시하여 같은 개념으로 사용하기도 한다. 전략과제나 주요사업은 핵심 성공요소를 구성하는 부분집합의 성격도 동시에 가지고 있다. 전략과제를 도출하는 방법은 다양하지만, 여기에서는 두 가지 측면에서 살펴보기로 한다. 하나는 전략적 방향으로부터 도출된 전략과제 영역이고 다른 하나는 조직의 이슈나 문제점 분석으로부터 도출된 전략과제 영역이라 할 수 있다.

가) 전략적 방향으로부터 전략과제의 발굴

전략과제를 도출하는 가장 일반적인 방법으로 내·외부 환경분석에 기반한 SWOT(Strength, Weakness, Opportunity, Threat) 분석 기법이 자주 활용된다. 이 기법이 비전이나 전략목표를 달성하기 위한 다양한 수단을 체계화하고 이를 전략과제로 만드는 데 유용하기 때문이다. 우선, SWOT분석을 활용하기 위해서는 내·외부 환경변화 요소들을 발굴하여 기회와 위협 그리고 강·약점 요인으로 분류한 다음, 이들을 상호 결합하여 전략적 이슈들을 도출한다. 그런 다음 이들을 유형화하고 그룹핑하여 전략적 방향과 전략목표를 도출하게 된다. 물론, 이는 상위의 비전과 높은 적합성을 가져야 한다. 이렇게 설정된 전략적 방향과 전략목표를 달성하기 위해 필요한 수단들이 전략과제들이다. 수준 높은 전략과제를 어떻게 다양한 관점에서 충실하게 도출하는가가 성과관리에서 핵심이라고 할 수 있다. 1차로 도출된 과제들이 전략과제로 최종 확정되기 전까지는 일단 전략과제 후보 POOL을 구성하는 것이 일반적이다. 전략목표의 하부에 연결되는 전략과제는 환경변화에 따라 달라지므로 변화된 여건을 반영하여 일정한 간격을 두고 롤링하는 것이 좋다. 따라서 이미 수립된 중장기전략에 포함된 전략과제 혹은 그와 관련된 주요사업들이 존재한다면 환경변화를 고려하여 이들을 주기적으로 최적화해야 한다. 다양하게 구성된 전략과제 후보 POOL은 사전에 정해진 평가기준과 원칙에 따라 우선순위화하여 전략과제를 확정한다.

〈그림 5-7〉 전략과제 도출 과정(연역형)

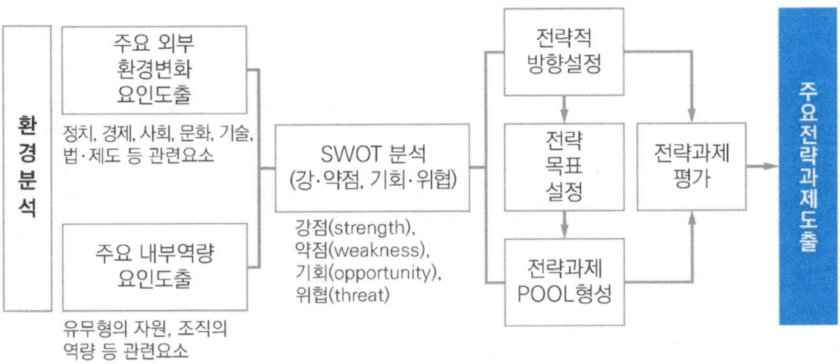

나) 조직의 문제점으로부터 전략과제의 발굴

어느 조직이나 성장과 발전 과정에서 필연적으로 여러 가지 크고 작은 문제들을 접하게 된다. 그와 같은 문제 중에는 일시적이고 사소한 것들도 있지만 고질적이거나 반복적이어서 조직에 적지 않은 피해를 초래하는 것들도 있다. 이는 조직의 경쟁력 제고 차원에서 반드시 원인을 규명하고 해결해야 변하한다. 조직의 문제를 적극적으로 발굴하여 과제화하고 이를 체계적으로 해결하는 일은 매우 중요하다. 이를 위해서는 우선 조직에 영향을 미치는 이슈나 문제점들을 체계적으로 조사, 분석해야 한다. 경영진단도 그중 한 방법이라 할 수 있다. 이렇게 도출된 문제점들은 일반적으로 크기, 범위 등 여러 면에서 성격이 다르다. 이 때문에 내용의 유사성이나 특성 등을 고려하여 적정한 크기로 전략과제화하는 작업이 수반되어야 한다. 또한, 전략과제의 효율적인 관리를 위해 이를 전략과제 후보 POOL에 데이터베이스화하고 매년 업그레이드해야 한다. 이들 역시 정해진 기준과 원칙에 의한 평가를 통해 주요 전략과제로 확정된다.

〈그림 5-8〉 전략과제 도출 과정(귀납형)

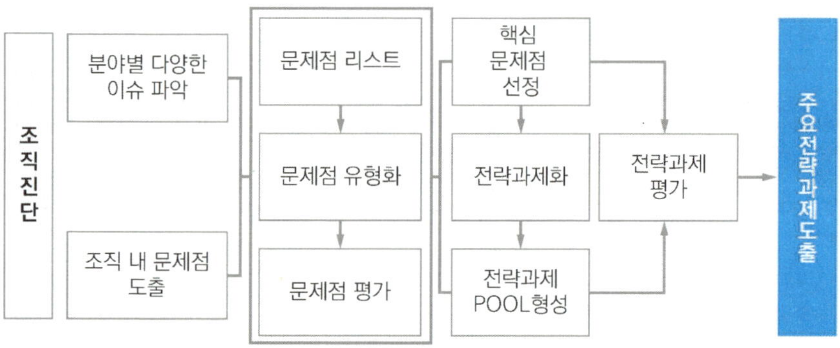

다) 전략과제의 평가

전략과제 후보로서 과제 POOL이 형성되면 이들 중 중요도가 높은 전략과제를 선정해야 한다. 이는 어떤 조직도 도출된 모든 전략과제를 동시에 수행할 수 없기 때문이다. 그렇다면 전략과제 선정을 위해 가장 먼저 해야 할 일은 무엇인가? 과제를 평가할 수 있는 기준을 무엇으로 하고 몇 개로 해야 하는지 결정하는 일이다. 일반적으로 주로 활용하는 평가 기준은 중요도, 실행가능성, 효과성, 시급성, 창의성, 차별성 등을 들 수 있다. 어느 기준을 활용할 것인가는 회사의 전략적 방향에 따라 다르다. 또한, 필요한 경우 각각의 추상적 기준에 대해서는 보다 구체적인 세부 기준이 요구되기도 한다. 이렇게 복합적으로 평가 기준을 사용할 경우 평가 기준 간의 가중치를 설정할 수도 있다. 다음으로 과제 POOL에 있는 각각의 전략과제에 대해 정해진 평가 기준에 따라 점수를 부여하고 우선순위화한다. 조직에서는 활용 목적에 따라 전략과제들을 단기, 중기, 장기로 분류하기도 하고 특정 영역별로 범주화하기도 한다.

〈표 5-5〉 전략과제의 평가 예시

전략과제	평가기준			점수	순위	유형		
	중요도 (40)	실현가능성 (30)	시급성 (30)			단기	중기	장기
경영효율극대화 실현	10	10	H	100	1			
차별화된 서비스 개발	L	M	M	52	9			
첨단기술의 조기확보/구현	H	L	M	70	5			
고객만족 경영 정착	M	M	H	72	3			
과학, 지식기반의 정책개발	M	L	M	54	8			
경영시스템 체계화	L	M	L	46	10			
글로벌 경영 기반구축	H	L	M	70	5			
경영혁신의 지속적 추진	H	H	L	82	2			
성과중심의 조직문화구축	L	H	L	58	7			
핵심역량기반의 인재육성	M	M	H	72	3			

범례 H(10) M(6) L(4)

6) 핵심 성과지표(Key Performance Indicator : KPI) 설계

핵심 성과지표란 특정 해결과제나 사업의 성과 수준이 어느 정도 달성되었는지를 측정할 수 있는 기준을 말한다. 다시 말하면 성과지표는 핵심 성공요소(CSF) 혹은 전략과제가 창출한 성과의 크기나 달성 정도를 직접 나타낼 수 있는 바로미터(Barometer)이다. 따라서 성과를 객관적이고 공정하게 측정할 수 있도록 정교하게 설계된 모형이나 방법에 의해 대표성 있는 지표를 어떻게 설계하느냐가 매우 중요하다.

가) 지표의 대표성 확보

성과지표의 대표성은 대상과제의 목적달성 수준을 정확하게 평가할 수 있는 기준의 적정성을 말한다. 우리는 여기에서 대표성을 측정하기 위해 지표의 설명력이라는 표현을 쓰고자 한다. 설명력은 지표가 갖는 힘을 말하는 것으로 지표의 품질수준과 동일한 의미라 할 수 있다. 그 설명력은 지표에 따른 수치의 변동성이 과제의 목적달성 수준과 비례적으로 움직이는 정도를 말한다. 따라서 지표의 설명력이 높으면 성과지표의 대표성이 크며 역시 지표의 품질수준이 우수함을 의미한다. 하나의 예를 들어보자. 개인의 삶의 질이 향상되었는가를 나타내는 지표를 소득금액으로 설정하면 과연 대표성이 있을까? 결론적으로 말하면 대표성에 한계가 있다. 삶의 질을 측정하려면 소득 외에 건강, 안전, 여가, 교육 등 다양한 요소가 필요하기 때문이다. 삶의 질 향상에 소득이 중요한 요소로 작용할 수는 있지만 소득수준만을 가지고 삶의 질을 측정하는 데는 부족하고 한계가 있다는 뜻이다.

〈그림 5-9〉 지표의 대표성, 설명력, 품질의 관계

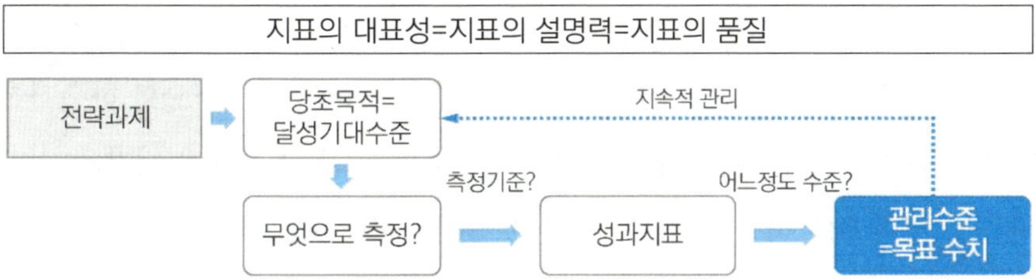

나) 지표의 고도화

성과지표를 개발하여 일정기간 활용을 하고 나면 그 효력이 저하되는 경우가 발생한다. 예를 들면, 지표에 수반되는 수치목표가 추가적인 개선의 여지가 없거나 이미 최고의 목표치를 도달하여 더 이상 관리가 필요없는 경우도 이 중 하나에 해당한다. 이럴 경우에는 보다 수준 높은 다른 지표로 전환하거나 재설계를 해야 한다. 또한, 기존의 지표보다 다른 차원의 성과관리가 요구되는 경우 지표의 재설계나 고도화가 필요하다. 예를 들면, 글로벌 차원의 품질 경쟁력을 관리하거나 선진사와의 기술 개발력 차이에 대한 관리가 새롭게 대두될 때도 마찬가지다. 지표 고도화의 목적은 앞서 언급한 지표의 설명력과 품질 향상과도 연계된다. 일반적으로 다음과 같은 경우에 지표 고도화의 필요성이 제기된다.

다) 지표 산식의 설계

대표성 있는 성과지표가 확정되었더라도 실제 구체적인 목표치를 설정하려면 애매모호한 경우가 발생한다. 지표명의 표현만으로는 여러 해석이 가능하고 정확한 의미 전달이 어려운 경우가 있기 때문이다. 특히, 추상적인 표현으로 지표가 설정된 경우는 더욱 그렇다. 예를 들면, '해외 거점 확보 수'

라고 할 때 거점은 정확하게 무엇을 의미하는지, 어느 정도의 역할을 수행해야 해외 거점으로 볼 것인지 기준이 모호할 수 있다. 또, 프로젝트 팀의 성과 지표를 '과제 추진율'로 설정했다고 하자. 분자와 분모를 무엇으로 하는가에 따라 목표치와 실적치는 매우 달라질 수 있다. 과제 추진율이 과제의 진행 내용을 기준으로 하는 것인지, 예산 투입 정도를 기준으로 하는 것인지 알 수가 없다. 또한, 측정방식에 있어서도 다수 과제들의 단순 평균 진척률로 산정할 수도 있고 중요 과제들에 대해 가중치를 고려한 진척률을 계산할 수도 있다. 따라서, 지표 산식은 지표를 보다 구체화하여 정확한 측정이 가능하도록 설계한 공식이라고 보면 옳다. 성과지표를 말할 때는 지표표현과 함께 이를 구체화하기 위한 산식을 포함하여 정의하는 습관이 중요하다.

- 지표의 수준이 낮거나 설명력이 부족한 경우
- 지표로서 관리의 의미가 쇠퇴 혹은 상실된 경우
- 지표 활용도가 없거나 한계점에 도달한 경우
- 기존 지표보다 더 가치있는 지표가 필요한 경우

7) 도전적인 목표 설정

우리는 개념적인 목표와 구체적으로 달성해야 할 목표를 구별하기 위해 목표치(목표값)라는 용어를 사용한다. 목표치는 주어진 기한 내에 전략과제의 성과가 극대화될 수 있도록 도전적이고 합리적으로 설정해야 한다. 여기에서 도전적이라는 의미는 주관적으로 높게 설정한 목표라기보다는 상위의 목표를 달성하기 위해 요구되는 과제별 목표 수준을 고려한다는 뜻이다. 그렇지 않고는 도전적인 목표치라는 단어의 의미가 퇴색되기 때문이다. 다음으로 합리적이라는 단어는 현실적으로 달성 가능한 것이어야 한다는 내용을 포함하고 있다. 그렇다고 달성하기 쉬운 목표 수준을 말하는 것이 아니라 최선의 노력을 경주했을 때 도달될 수 있는 수준을 의미한다. 그렇다면 지표와 목표치 설정은 어떤 관계일까?

지표는 과제가 추구하는 목적지향적 방향이라면 목표치는 그 방향에서 달성해야 할 수준과 그 정도를 정하는 것이다. 따라서 지표의 설정 방향과 목표값의 설정 수준은 모두 적합도가 높아야 한다. 지표 설정 방향에 문제가 있으면 목표치가 아무리 높아도 의미가 퇴색될 수밖에 없다. 또한, 지표의 방향이 아무리 정확하다 하더라도 그 달성 수준이 낮으면 조직의 비전이나 전략목표는 주어진 기한 내에 달성이 불가능하다. 그 때문에 지표와 목표치는 개별적이기보다는 상호 불가분의 관계를 가지고 있다. 그렇다면 목표치 설정에는 어떤 방법이 있을까?

가) 중장기 전략이나 중장기 목표를 기초로 목표치 설정

이 방법은 비전이나 전략목표가 중장기 전략에 기초하고 있다는 전제하에서 사용하는 방법이다. 따라서 중장기 전략목표의 달성 시점을 기준으로 역으로 계산하여 중기와 단기 목표를 설정하고 이를 기반으로 당해 연도 목표 수준을 설정하는 방식이 이에 해당된다. 그러나 중장기 전략의 관리가 소홀하여 그 내용들이 별로 사용가치가 없다면 이를 근거로 설정한 목표치 설정은 의미가 없다.

나) 상위목표를 기초로 한 목표치 설정

중장기 전략을 기준으로 하는 전략과제의 목표치 설정이 어려울 때 사용하는 방법이다. 그러나 이 방법은 비전이나 전략목표가 구체적으로 설정되어 있을 때 적용하기에 적합하다. 상위 목표치 수준을 과제의 추진 기간에 맞게 적절하게 배분하여 설정하기 때문이다. 이때 상위목표는 관련된 다수 전략 과제의 성과를 통해 달성되므로 전략과제 간의 관계성을 잘 고려하여 목표치를 설정해야 한다.

다) 벤치마킹 대상 조직의 수준을 기준으로 목표치 설정

우리 조직이 현재 경쟁하고 있거나 혹은 추월하고 싶은 조직의 수준을 우리와 비교하여 목표치를 설정한 경우이다. 벤치마킹이 가능하다면 이 방법에 의한 목표치 설정이 매우 현실적이며 합리적이라 할 수 있다. 구성원들의 목표치 설정에 대한 공감대 형성이 쉽고 상대적으로 우수하다는 평가에 대해 다른 방법보다 객관성이 높은 장점이 있기 때문이다.

라) 과거의 추세치를 기준으로 목표치 설정

지금까지 가장 많이 사용하고 있고 어떻게 보면 가장 손쉬운 방법이라고도 할 수 있다. 왜냐하면 과거의 실적들이 이미 표면화되어 있어 여기에 일정한 수치를 더하여 목표를 설정하면 되기 때문이다. 그러나 이 방법은 기존의 성과에 플러스 업하는 방식이므로 도전적인 목표설정이 어렵다는 단점이 있다. 예를 들면, 지난 3년 동안의 평균값을 기준으로 5%~10% 상향시킨 범위 내에서 목표치를 설정하는 경우가 이에 해당된다. 이 외에도 전년 대비 상향식으로 목표 수준을 설정하는 방식은 여러가지 한계점을 가지고 있으므로 주의를 요한다.

이상 위에서 언급한 방법 외에도 법에서 정한 기준을 목표치로 적용하는 경우 등 여러 가지 방법을 사용할 수 있다. 다양한 목표치 설정방법 중 어느 방법이 절대적으로 우수하다고 말할 수는 없다. 그러나 이론적으로는 중장기 목표나 상위목표치를 기준으로 목표치를 설정하는 것이 전략적 통합성과 관리의 취지에 부합한 것으로 볼 수 있다.

8) 임계치 목표 설정의 기준 정립

성과관리 담당자들이 혼란스러워하는 이슈 중 하나는 목표의 임계치 문제라 할 수 있다. 임계치 목표치란 과제의 목표값을 보다 향상시키는 것이 의미가 없거나 불가능한 경우의 수준을 말한다. 성과관리 차원에서는 이를 철저하게 관리할 필요가 있으며 그 핵심은 임계치에 대한 기준을 설정하고 적절한 조치를 취하는 일이다. 임계수준을 측정하는 데는 정량적 방법과 정성적 방법이 활용될 수 있다. 정량적인 방법을 사용할 경우 주의할 점은 국가적 통계나 검증된 기관의 자료를 포함하여 신뢰할 수 있는 자료를 기준으로 삼아야 한다는 것이다.

임계치의 대표적인 유형을 살펴보면

① 목표 수준이 이미 설정한 장기 비전에 도달한 경우

설정한 목표치가 이미 장기적으로 설정한 목표나 비전을 충족시킨 경우 이 수준을 임계치로 설정한다.

② 세계최고 수준에 도달한 경우

해당 분야 전문가들이 세계 최고라고 인정하거나 세계에서 유일무이한 수준으로 인정할 때 이를 임계치로 설정한다.

③ 초과된 목표값 설정 자체가 의미를 상실한 경우

설정된 목표 수준이 앞으로 더 개선될 여지가 없거나 개선되더라도 경영상 무의미할 경우 이 수준을 임계치로 설정한다.

④ 목표값이 과제의 본질적인 목적에 도달된 경우

과제의 최종목적이 완벽하게 구현된 상태라고 객관적으로 인정하고 있을 때 이 수준을 임계치로 설정한다.

⑤ 외생변수에 의해 더 높은 목표달성이 불가능한 경우
이때의 성과 수준을 임계치 목표로 설정한다.

〈표 5-6〉 임계치 목표값 판단기준 예시

임계치 목표 판단 기준	① 각 항목의 세부사항을 기준으로 판단하여 Yes 또는 No를 선택한다. ② 5개 항목 중에 3개 이상 Yes일 경우, 임계치에 도달한 것으로 간주한다. ③ 5개 항목 중에 1~2개일 경우 유사 임계치에 도달한 것으로 한다. ④ 하나도 해당 항목이 없는 경우 임계치 미달인 것으로 본다.

항목	세부사항	평가
① 장기 비전 도달	- 해당과제 목표가 설정된 비전달성기준에 충족되고 있는가? - 중장기 비전/전략목표에 해당과제 목표 수준이 충족되고 있는가?	Yes/No
② 세계 최고수준 도달	- 과제의 목표가 글로벌 베스트 프랙티스(Best Practice) 수준에 도달하고 있는가? - 과제의 목표나 수준은 세계에서 유일하거나 최고인가?	Yes/No
③ 목표 초과설정에 대한 의미 부여 상실	- 보다 더 높은 목표를 도달하는 것이 의미가 없거나 불가능한가? - 수혜자 기대수준을 충분하게 충족하는가?	Yes/No
④ 과제의 본질적 목적에 도달	- 사업의 본질적 목적이 이미 실현되었는가? - 사업에 대한 최선의 노력에도 더 높은 수준 달성이 불가능한가?	Yes/No
⑤ 외생변수에 의해 더 이상 목표 달성 불가능	- 사업에 통제불능변수가 많아 사업의 목표달성이 불가능한가? - 더 많은 자원의 투입과 더 높은 목표 수준은 비례하지 않는가? - 전사 차원에서 자원 투입의 한계에 도달하고 있는가?	Yes/No

제 VI 장
성과지표 설계방법론

1. 성과지표 설계의 원칙과 고려사항

2. 성과지표의 유용성 진단 및 분석

3. 성과지표 개발 및 설계

4. 특수한 상황을 고려한 성과지표 설계

5. 정성지표의 설계

6. 지표산식의 명확화

7. 효과적인 성과지표 관리의 방법

1

성과지표 설계의 원칙과 고려사항

성과지표란 영어로는 Performance Indicator라고 부르는데 특정과제나 대상사업의 성과 수준을 측정하기 위한 기준이나 원칙이라고 언급한 바 있다. 좋은 지표는 측정하고자 하는 대상의 성과 변화를 민감하게 그리고 정확하게 반영함으로써 이해관계자에게 의미있는 정보를 적시에 제공할 수 있어야 한다. 따라서 의사결정권자는 좋은 지표에 기반하여 제공된 정보를 통해 최적의 의사결정을 할 수 있게 된다. 의사결정자는 성과지표 값의 변화와 움직임을 보면서 그에 따른 적합한 조치를 취할 수 있기 때문이다. 따라서 좋은 지표가 의미있는 정보를 전달하는 차원을 넘어 향후 대책을 마련하는 데 가치있는 정보를 의사 결정권자에게 제공할 수 있다면 금상첨화라 할 수 있지 않을까?

가) 좋은 성과지표의 설계를 위한 원칙

대부분의 성과관리 혹은 평가 담당자들은 좋은 지표 설계문제로 많은 고민을 하고 있다. 그러나 항상 좋은 지표가 현장에 적용되는 것은 아니다. 여러 가지 적용상의 제약조건들이 존재하기 때문이기도 하다. 일반적으로 성과지표를 설정할 때 갖춰야 할 요건으로 SMART 원칙을 말하곤 한다. 이를 구체적으로 살펴보면 다음과 같다.

- 명확성(Specific): 성과 데이터를 일관되게 수집하고 공정하게 비교하기 위해 성과지표는 명확하고 알기 쉽게 정의되어야 한다.
- 측정가능성(Measurable): 성과지표는 측정을 위해 필요한 정보나 데이터가 존재해야 하며 사용에 제약이 많지 않아야 한다.
- 원인성(Attributable): 해당사업 성과의 변화는 성과지표와 목표치의 변화를 가져와야 한다.
- 대표성(Representative): 성과지표는 과제가 추구하는 방향을 정확하게 나타낼 수 있도록 설정되어야 한다.
- 신뢰성(Reliable): 성과지표는 다른 제3자가 검토하더라도 일관된 결과가 나올 수 있어야 한다.
- 적시성(Timely): 도출된 성과정보는 성과측정 시점과 가능한 한 일치해야 한다.

SMART는 지표설계 시 범용적으로 적용할 수 있는 하나의 가이드라인이라 할 수 있다.

나) 성과지표 개발 시 고려사항

품질수준이 높은 성과지표의 개발은 성공적인 성과관리 시스템을 구축하는 데 있어 매우 중요한 요소라 할 수 있다. 성과지표를 설계할 때 고려해야 할 몇 가지 사항을 요약하면 다음과 같다.

(1) 측정대상 과제나 사업에 대한 정의 및 의미해석을 정확하게 하고 과제의 추진 목적을 명확하게 한다. 이 부분이 성과지표 설계의 첫 단추가 된다.

(2) 성과지표의 역할을 분명하게 이해하고 인식한다. 이는 여러 가지 지표

중 가장 적합한 대표지표가 어떤 것인지를 확인하는 데 도움을 준다.

(3) 성과지표를 설계하는 데 있어 보다 효율적이고 효과적인 방법을 적용하기 위해 합리적이고 논리적인 방법을 고안해야 한다. 이는 성과지표의 단계적인 레벨 업을 도모할 수 있게 해주기 때문이다.

(4) 측정하고자 하는 과제의 목적실현 정도를 나타낼 수 있는 대표성이 있는 고품질의 성과지표를 발굴하려고 노력해야 한다. 그렇지 않으면 결과적으로 산출이나 과정지표의 비율이 높아져 성과관리의 수준을 떨어뜨리는 우를 범하기 때문이다.

(5) 지표가 추구하는 지향점이 전사적이며 통합적 차원에서 다른 성과지표나 목표들과 상호 보완적이어야 한다. 이 부분을 고려하지 않으면 한 부분의 성과가 다른 부분의 성과 창출에 부정적인 영향을 미칠 수 있기 때문이다.

쉬어가기 지표개발 이야기

어느 지방자치단체에서 성과지표에 대해 코칭할 때의 일이다. 코칭의 과정을 통해 어떻게 지표개발이 이루어지는지 살펴보기로 하자. 민원처리 담당자와 성과지표 코칭 전문가 간의 대화 내용이다.

전문가: 선생님의 민원처리업무에 대한 성과를 무엇으로 평가하면 좋을 까요?
담당자: 민원 업무를 처리하는 규모(건수)로 평가를 받으면 될 것 같은데요.
전문가: 그렇군요. 그럼, 성과지표를 민원 업무처리 건수로 한다면 목표치는 어떻게 할까요?
담당자: 성과관리 지침에 목표치는 전년 실적보다 상향해서 설정하라고 했으니 5% 정도 추가하여 연 1,300건 정도로 하면 될 것 같아요.
전문가: 그래요? 그럼 만약 민원 요청이 늘어나지 않았으면 어떻게 하려고요.
담당자: 아! 그렇군요. 감소할 수도 있겠네요. 어떻게 해야 하죠? 그렇다고 목표치를 내릴 수도 없고…

전문가: 이렇게 예측이 되지 않거나 통제가 어려운 성과의 경우에는 관리가 가능한 형태로 지표를 변경하는 것이 좋습니다. 민원처리율로 하면 어때요? 민원 요청 건수 대비 처리 건수로 하면 되니까요.

담당자: 그게 좋겠네요. 그런 방법이 있군요.

전문가: 그런데 단순 민원은 처리율이 항상 100%죠?

담당자: 네, 그렇습니다. 민원해결은 안 되어도 반송이든 뭐든 어떻게든 처리는 하니까요.

전문가: 그렇다면 성과를 관리하는 것이 무의미한데요. 선생님의 업무성과가 조직과 고객에게 의미가 있으려면 어떻게 해야 할까요? 고객차원에서 볼 때는 요구되는 민원에 대해 One Stop으로 해결되는 것이 좋은 것 아닐까요?

담당자: 그것은 좋긴 한데... 힘들 것 같아요.

전문가: 그렇지요. 힘은 들지만 민원 해결률이 높아진다면 이것이 회사나 고객 차원에서도 가치가 있어요. 그렇지요? 이것이 민원처리 업무의 진정한 성과입니다.

담당자: 그렇기는 합니다만...

전문가: 대신 새로운 결과형 성과지표이니 민원해결률 지표의 목표치를 보수적으로 설정하면 좋겠어요.

담당자: 네. 그럼 괜찮겠네요.

전문가: 민원 해결률(산식: 해결 건수/민원요청 건수*100)로 성과지표를 확정하고 목표치는 전년 실적을 감안하여 85% 정도로 하는 것이 좋겠습니다.

2

성과지표의 유용성 진단 및 분석

과제나 사업의 성과를 정확하게 측정해야 하는 이유는 무엇인가? 이를 소홀히 하면 과제에 대한 추진상의 문제점을 잘 파악할 수 없을 뿐만아니라 발견된 문제점에 대한 시의적절한 조치를 취할 수 없다. 앞에서 성과를 제대로 측정하기 위해서는 성과지표가 중요함을 이미 강조한 바 있다. 그렇다면 어떻게 성과지표를 체계적이고 객관적으로 진단할 수 있을까? 여기에서는 지표와 목표 수준을 결합하여 조직 전체의 지표에 대한 품질을 진단하는 방법을 소개하고자 한다.

우선, 성과지표 수준과 그에 따른 목표치 수준을 기준으로 성과지표 유형을 단순하게 분류해보자. 성과지표 품질의 높고 낮음과 목표 수준의 높고 낮음에 따른 조합을 구성해 볼 수 있다. 조직 차원에서는 높은 품질의 성과지표와 높은 수준의 목표치 조합으로 이루어진 과제 비중이 높을수록 이상적이라 할 수 있다(그림 I영역). 성과지표가 품질이 낮으면 그 목표치가 달성되더라도 과제의 성과는 물론 조직에 대한 기여도 역시 미미할 뿐이기 때문이다. 다시 말해 그림 IV의 영역에 상대적으로 많은 과제나 지표가 분포되어 있다면 성과관리 시스템이 본래의 역할을 제대로 수행하지 못하고 있다고 판단할 수 있다.

〈그림 6-1〉 성과지표수준과 목표 수준의 매트릭스

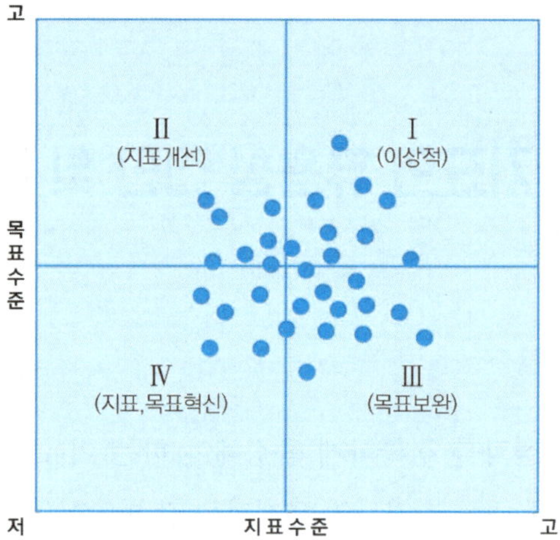

성과관리 시스템을 도입한 후 일정 시간이 지나면 성과관리의 고도화가 필요하게 된다. 이를 위해 가장 우선적으로 해야 할 일이 성과지표에 대한 진단 부분이다. 진단을 통해 지표의 품질 수준을 분석하고 이를 향상시키기 위한 개선작업이 중요하다. 실무적으로는 지표의 품질을 우선 개선하고 이것이 일정 수준 유지가 되면 지표에 따른 목표값을 단계적으로 향상시키는 것이 효과적이다. 진단은 세부적으로 기술된 체크리스트 같은 절대적 기준을 활용할 수도 있고 지표 간의 상대적인 비교를 통해서도 가능하다. 효율적인 진단을 위한 체크리스트 예시를 살펴보자.

〈표 6-1〉 지표수준 진단용 체크리스트 예시

체크항목	상세지표	평가
성과지표가 상위지표와 잘 연계되는가?	• 상위지표 연결성 • 성과지표의 목적성	1 2 3 4 5
성과지표가 대상과제(사업) 평가를 위한 대표성이 있는가?	• 지표의 대표성 • 지표의 설명력	1 2 3 4 5
설정된 성과지표의 표현이 적정한가?	• 지표표현의 가치성 • 지표표현의 정확성	1 2 3 4 5
성과지표의 산식은 구체적이고 정확한가?	• 구성항목의 구체성 • 산식구성의 정확성	1 2 3 4 5

〈표 6-2〉 목표 수준 진단용 체크리스트 예시

체크항목	상세지표	평가
지표에 따른 목표치가 상위목표치에 충분히 기여하는가?	• 상위목표에 기여도	1 2 3 4 5
설정한 목표치가 과제가 추구하는 목적에 근접하는가?	• 목적구현의 근접성	1 2 3 4 5
목표치가 현재의 상황에서 최선이라고 인정할 수 있는가?	• 목표치 달성 한계성	1 2 3 4 5
지표에 따른 목표치가 도전적이라고 모두가 공감하는가?	• 목표치 도전성 공감도	1 2 3 4 5

3

성과지표 개발 및 설계

1) 성과지표 개발 모형의 검토

성과지표를 설계할 때 활용하는 모형과 방법은 다양하다. 각각은 서로 장단점을 가지고 있어 어느 특정 방법이 좋다라고 일률적으로 말하기는 곤란하다. 일반적으로 성과지표를 설계할 때 활용하는 방법으로 프로세스 기반의 설계모형을 거론하곤 한다. 이는 사업의 진행 프로세스를 토대로 단계별 지표를 설계하는 대표적인 방법인데 자원의 투입(Input), 업무활동(Activity), 산출물(Output) 그리고 사업의 장 단기적 결과(Outcome)와 사회에 미치는 영향(Impact)까지를 순차적으로 고려하면서 지표를 설계하는 방법이다.

〈그림 6-2〉 프로세스 기반의 성과지표 설계모형

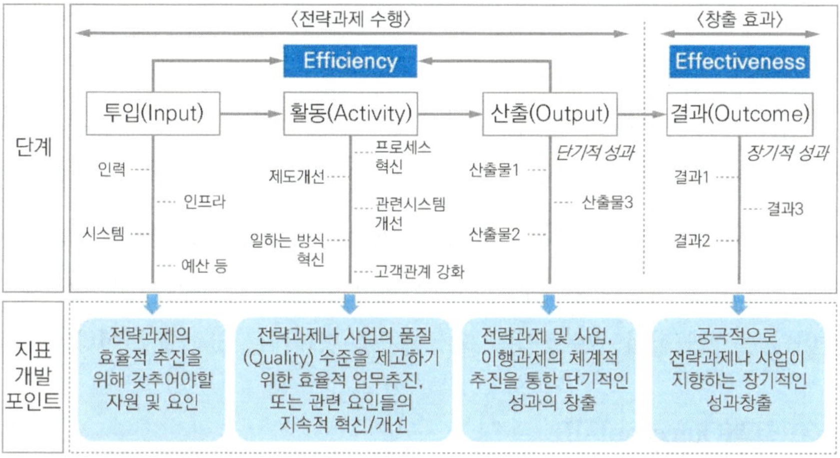

① 투입(Input)지표

과제에 필요한 예산, 인력 등 투입 자원과 관련된 내용들을 측정하기 위한 지표이다. 과제 추진에 따른 인력, 재원 및 물자가 적절한가를 평가하는 것으로 과업의 최종 산출을 위한 투입물의 목표달성 정도를 평가한다. 투입지표는 주로 예산 집행과 자원 투입관리의 적정성 그리고 투입요소들의 추진 과정 상의 문제점을 발견하는 것이 목적이다.

② 활동(Activity)지표

과제를 단계적으로 나누어, 각 단계의 진행 상태 혹은 정도를 평가하는 지표이다. 과제의 최종 산출물이 당해 연도말까지 도출되지 않거나 의도한 효과가 단기에 나타나기 어려운 경우에 주로 과정지표를 사용한다. 예를 들면, 수년에 걸쳐서 플랜트를 건설하는 경우 완공되어 본래의 기능을 할 때까지는 과업에 대한 성과가 가시적으로 나타나지 않는다. 이와 같은 경우 플랜트

시설의 건설 공정률 등을 활용하여 과업의 중간적 성과를 평가하게 된다.

③ 산출(Output)지표

산출지표는 과제가 목표로 하고있는 일차적인 산출물을 얼마나 창출했는가에 대해 평가하는 지표라 할 수 있다. 그 산출물은 과업의 궁극적인 목적을 달성하기 위한 수단이거나 혹은 과정단계에서 창출된 중간 결과물에 해당된다. 예산 및 인력 등 자원의 투입에 비례하여 각 단계별로 도출되어야 하는 산출물의 양이나 필요한 질적인 요소들이 적정한가를 평가하는 것이 목적이다.

④ 결과(Outcome)지표

결과지표는 과제의 최종 결과물을 평가하거나 과제를 통해 궁극적으로 달성하려는 목적의 구현 정도를 평가하기 위한 것이다. 달리 말하면 과제의 추진 결과로 나타나는 효과의 정도를 평가하기 위한 것으로 성과지표 중에서 가장 바람직한 유형의 지표이다. 간혹 결과지표의 한 유형임에도 별도로 영향지표(Impact)라고 명명하여 결과지표와 구분하기도 한다. 이는 과제의 효과가 장시간 이후에 나타나거나 오랜 시간을 거쳐 성과를 평가하는 경우에 사용한다. 공공부문에서는 과제의 실질적인 효과를 단기에 측정하기가 어렵고 눈에 보이는 산출이 없는 경우 과제의 결과와 산출을 동일하게 간주하는 경우도 있다.

2) 성과지표의 설계 방법

가) 성과지표 개발 대상의 명확화

최적의 성과지표를 개발하고 설계하기 위해서는 지표 개발 대상인 전략과제나 주요사업을 명확하게 설정할 필요가 있다. 성과지표는 해당 과제나 사업의 성과를 어떻게 정의하는가에 따라 달라질 수 있기 때문이다. 다만, 지표가 고도화될수록 일반적으로 구현이 어려운 반면 사업의 목적달성에는 효과적이다. 한편, 지표의 수준이 낮으면 달성은 쉽지만 성과가 저하되는 경향이 있다. 적정수준의 지표 설계를 고려해야 하는 이유가 여기에 있다. 지표 설계 방법의 설명에 앞서 '실직자 대책 강화' 사업의 사례를 프로세스 기반의 성과지표 모형과 연계시켜 보자. 이 사업의 수행 과정을 예로 들어, 투입→활동·과정→산출→결과의 관계를 표시하면 아래 그림처럼 나타낼 수 있다.

〈그림 6-3〉 실직자 대책 강화 프로세스

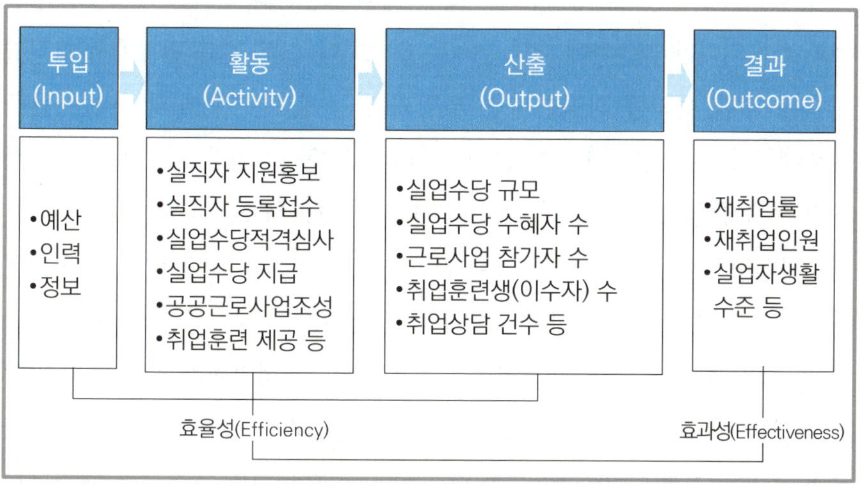

나) 사업 수행단계별 주요 활동요소분석

실직자를 위한 대책은 배정된 예산과 인력을 투입하여 홍보와 동시에 실직자를 등록하고, 정해진 절차에 따라 적격심사를 마치면 그 결과에 따라 실업수당을 지급하는 등 단계적 활동으로 이어진다. 재취업을 위한 훈련 제공과 직업 알선을 통해 실업자의 생활수준의 향상을 도모하고 장기적으로는 재취업 달성이라는 성과를 도출한다. 본 과제의 경우 과업수행을 위해 배정된 인력과 예산, 정보가 투입에 해당하며, 실직자 등록접수, 실업수당 적격심사, 실업수당 지급 등은 업무활동에 해당된다.

다) 주요 활동요소별 성과 파악

과업수행 과정에 수반되는 활동에 대한 성과의 종류와 크기는 성과지표를 무엇으로 보는가에 따라 달라질 수 있다. 앞에서 언급한 모형을 기준으로 본다면 투입, 과정, 산출, 결과의 개별영역에서도 다양한 성과를 도출할 수 있다. 다만, 과제 전체로 볼 때 어느 것이 더 과제 본래의 목적에 근접하고 통합 성과로서 의미가 있는가에 대한 분석은 필요하다. 그와 같은 관점에서 실직자 대책에 대한 성과를 파악한다면 투입과 활동에 관련된 성과보다는 산출 이후에 도출되는 성과가 보다 본질에 가깝다고 볼 수 있다. 예시에서 본다면 자원을 활용한 다양한 활동을 통해 도출되는 산출은 실직수당 수혜자, 공공근로사업 참여자, 취업훈련생 이수자 등으로 요약될 수 있다. 한편, 실직자의 재취업률과 수당 지급에 따른 실업자 생활수준은 실직자를 위해 추진된 정책이 의도하고 있는 궁극적인 결과에 해당된다. 성과평가의 또 다른 방법으로 산출 대비 투입을 강조한 효율성(Efficiency)과 산출의 크기 등에 기초한 결과 중심의 효과성(Effective)을 들 수 있다. 효율성의 개념은 상대적으로 성과 측정이 용이하다는 장점을 가지고 있지만 그것이 궁극적인 목적을 나타내는 성과라고 보기에는 한계가 있다. 따라서 효과성을 나타내는 지표를 결과적인 성과로 보는 것이 옳지만 이에 대한 정확한 성과를 파악 하는 데는 어려움이 따르는 게 현실이다. 공공의 영역에서는 간혹 최종 결과물인 성과를 파악하는 것이 매우 어렵거나 장기간에 걸쳐 발생하는 경우 그 결과물이 도출되는 과정에 중점을 두어 산출을 성과로 대신하여 평가하기도 한다.

〈표 6-3〉 실직자 대책강화 활동요소별 성과지표 예시

구분	주요활동요소	성과지표 POOL
투입	• 예산 투입 • 인력 투입 • 정보 투자	• 예산 집행률 • 인당 예산 배정액 • 전체 예산 확보 순위 • 전체 예산 대비 비율 • 투입 시기 적정성
과정	• 실직자 등록 홍보 • 실직자 등록 접수 • 실직수당 적격심사 • 실업수당 지급 • 공공근로사업 조성 • 취업훈련 기회 제공	• 실직자 등록 수(율) • 적격심사 통과비율 • 인당 실업수당 금액 • 공공근로사업 참여율 • 취업훈련자 수(율)
산출	• 실업수당 수혜자 파악 • 공공근로사업 추진 • 공공근로 참가 공지 • 직업훈련 추진 • 취업상담 및 교육 • 재취업 알선 등	• 실업수당 수혜자 증가율 • 공공근로사업 개수 • 공공근로 참가자 비율 • 직업훈련 이수 비율 • 인당 취업상담 회수 • 인당 재취업 알선 회수
결과	• 재취업 지원 • 실직자 생활 수준 파악	• 재취업률 • 재취업자 수 • 재취업 지수 • 실직자 생활안정지수

라) 성과지표의 검토 및 설계

성과지표는 과제의 최종적인 활동을 기반으로 결과지표, 산출지표, 과정지표 순으로 지표설계의 가능성을 검토한다. 그렇게함으로써 보다 수준 높은 지표설계가 가능해진다. 이를 위해 다음의 절차가 필요하다.

(1) 과제가 추구하는 목적을 파악하고 그 목적을 구체화한다. 구체화된 내용과 모습들을 측정가능한 표현의 성과지표로 전환한다. 여기에서

목적은 공급자 시각이 아니라 반드시 고객의 시각에서 도출되어야 한다. 도출된 표현 중 목적달성의 정도를 직접 나타낼 수 있는 항목을 우선 성과지표로 선정한다. 예를 들면, '제안활성화' 과제에 대한 성과지표를 '제안 건수'나 '제안 채택률' 보다는 '제안의 기대 효과금액이 이익에서 차지하는 비율'로 설정하는 것이 보다 더 큰 의미가 있다.

(2) 구체화된 목적을 측정가능한 지표표현으로 나타내기 어려운 경우는 목적달성에 기여하는 수단들을 분석한다. 도출된 수단들 간의 인과 관계를 파악하여 최적의 수단을 측정가능한 지표로 설계한다. 예를 들면 '훌륭한 인재양성'이라는 과제의 목적달성 정도를 측정하기 위한 지표설계가 어렵다면 그 수단 중 주요항목의 하나인 '우수성적 학생 비율'을 지표로 설정하는 경우가 이에 해당된다.

(3) 대표성 있는 최적 수단의 성과지표화가 곤란한 경우에는 나머지 수단들 중 중요한 수단 순으로 측정가능한 지표를 구성하기도 한다. 다수의 지표(보통 2~3개 정도)들을 결합하여 지수화하고 지수가 과제의 목적과 어느 정도 관계성을 갖는지 분석한다. 그 관계가 클수록 대표성 있는 좋은 지표가 될 가능성이 높기 때문이다. 예를 들면 '축제 활성화지수'는 '축제 관람객 증가율'과 '관람객의 평균 소비금액 증가율' '만족도 증가율'의 지표 결합으로 지수를 설계할 수 있다.

쉬어가기 **지역 균형발전 정도를 지표로 측정하려면?**

지역의 균형적 발전이라는 전략과제가 있다. 정부는 오래 전부터 지역의 균형발전 차원에서 다양한 정책들을 펼쳐왔다. 낯설은 용어는 아니므로 대부분은 대충 무슨 의미인지 알 수 있을 것이다. 엄청난 자원의 투입을 통해 과제의 목적을 달성하려고 노력해 온 것도 사실이다. 그것도 수년에 걸쳐서 말이다. 그렇다면 지역의 균형적 발전이라는 과제의 성과는 어떻게 측정해야 할까? 균형적 발전은 어떤 모습이어야 할까? 또 균형적으로 발전되었다는 것을 어떻게 입증할 수 있을까? 문제는 균형발전을 보는 각자의 입장에 따라 정의와 그 내용이 다르다는 점이다. 어떤 사람은 극단적으로 전 지역을 똑같은 모습으로 발전시키는 것이라고 주장할 수도 있고 어떤 사람은 지역의 주민들이 상호 비슷한 생활의 수준의 삶을 누리는 정도의 발전이라고 말할 수도 있을 것이다.
추상적인 과제가 갖는 공통점이기는 하나 균형적 발전과제 역시 사전에 정의를 명확하게 하지 않은 상태에서 성과측정은 어려울 수밖에 없다. 명확하게 정의된 과제 즉, 내용과 범위의 구체화는 적합한 지표를 설계하는 데 있어 필수 요건이기 때문이다. 예를 들면, '균형적 발전이란 경제와 환경 그리고 복지와 문화의 4개 분야가 종합적으로 일정 수준에 도달하는 상태' 정도라도 공감대가 형성된 정의가 필요하다. 그래야만 각 분야별 지표를 개발하고 균형수준에 대한 목표치를 설정하여 체계적인 관리를 할 수 있을 것이다. 과연 정부는 그렇게 본 과제를 관리하고 있을까? 그렇다면 지금 대한민국은 어느 정도 균형발전이 이루어졌을까? 이에 대한 국민적 공감대는 어느 정도일까? 이 중 어느 것도 충분히 그리고 명쾌하게 설명하기 어려울 것이다. 이는 전략과제의 정의부터가 명확하게 정립되어 있지 않은 데도 그 원인이 크다고 볼 수 있다.

쉬어가기 도로건설 지표 이야기

보다 구체적인 사업의 예로 '00도로건설'이라는 과제의 성과지표를 살펴보자. 도로건설의 목적이 무엇인가에 따라 성과도 달라질 수밖에 없다. 보통은 도로의 연장길이를 성과지표로 제시하는 경우가 많은데 이는 도로건설의 목적이라기보다는 과정 상의 산출물이라고 할 수 있다. 즉, 대표성 있는 성과지표라 할 수 없다. 당초 도로건설의 목적은 특정 구간의 새로운 도로건설이나 연장 혹은 확장을 통해 이동시간의 단축이나 교통 흐름의 개선일 것이다. 따라서 해당과제의 성과는 고객 관점에서 체감해야 하는 시간의 단축이나 교통 흐름의 속도 개선 등에 초점이 맞춰져야 한다. 따라서 그에 따른 성과지표는 ①이동의 단축 시간, ②교통 흐름의 속도, ③이용 고객들의 만족도 등으로 표시하는 것이 적합하다.
그러나 현실적으로 성과지표를 설계함에 있어 사업의 목적이 불명확하거나 파악이 곤란할 때도 있다. 그럴 경우는 이를 달성하는 데 가장 핵심적인 성공요소를 파악해 보는 것도 성과지표를 개발하는 하나의 방법이 될 수 있다. 이는 유사한 과제라 하더라도 단기적으로 목적 달성의 핵심 성공요소는 다를 수 있기 때문이다. 같은 도로건설이라 하더라도 시기에 따라 혹은 처한 여건에 따라 중점적으로 관리해야 할 요소는 다를 수 있다. 특정 지역의 도로건설은 단기적으로 이해당사자들 간의 보상문제의 해결이 당장의 핵심 성공요소일 수 있고 다른 지역의 경우는 공사의 안전사고에 대한 위험관리가 핵심요소일 수 있기 때문이다. 따라서 좋은 지표의 설계를 위해서는 사업의 목적을 명확하게 정의하는 일이 중요하며 시계열 상 목적달성에 필요한 핵심 성공요소가 무엇인가를 파악하는 것도 필요하다. 그리고 난 후 핵심 성공요소의 변화정도를 잘 나타낼 수 있는 방법과 수단이 무엇인가를 고민해야 한다. 그것이 좋은 성과지표를 개발하는 데 의미있는 시사점을 줄 수 있기 때문이다.

3) 과제의 특성에 맞는 성과지표 유형의 검토

일반적으로 성과지표는 어떤 대상과제의 수행결과로서 발생한 의도된 성과를 측정하기 위해 활용되므로 답이 정해져 있는 것은 아니다. 그렇지만 지표가 해당 과제에 어느 정도 적합한가의 관점에서 차이는 분명하게 존재한다. 성과지표는 다양한 형태로 표시될 수 있으므로 어느 한 가지 지표만을 고집하는 것은 오류를 범할 가능성이 있다. 여기에서는 현업에서 주로 사용되는 지표의 유형과 그 특징들을 살펴보도록 한다.

가) 정량지표와 정성지표

정량지표와 정성지표의 구분은 양적인 숫자로 표시가 가능한가 여부와 관련되어 있다. 지표는 가능하면 정량지표로 설계하는 것이 좋지만 그것이 한계가 있는 경우에는 정성지표를 사용할 수밖에 없다. 그러나 정성지표라고 하더라도 합리적인 평가를 위해서는 이를 계량화하는 작업이 필요하다. 정성지표는 정량지표에 비해 주관성이 반영될 여지가 많다. 따라서 가능한 한 주관성을 배제하고 객관성을 확보하기 위해 다양한 노력을 시도해야 한다. 정성지표와 정량지표의 또 다른 차이는 결과값의 일관성 측면에도 있다. 정량지표는 누가 언제 평가를 하더라도 동일한 결과가 산출되지만 정성지표는 평가자와 평가 시점에 따라 다른 결과가 도출되는 것이 일반적이다. 예를 들면, 고객만족도 지표는 대표적인 정성지표이지만 평가를 위해 만족도 조사라는 도구를 활용하여 계량화 작업을 한다. 최근에는 정성지표를 계량화할 수 있는 측정기법이 많이 개발되어 널리 활용되고 있다. 보통 현업에서는 정량지표와 정성지표를 계량지표와 비계량지표로 혼용하여 부르기도 한다.

나) 단일지표와 복합지표

단일지표와 복합지표의 구분은 지표구조의 복잡성에 따라 분류한 것으로 단일지표가 하나로 구성되는 것에 비해 복합지표는 다수의 지표들로 구성된다. 다수의 지표를 합쳐 하나의 지표처럼 활용하는 복합지표는 지수 형태로 표현되기도 한다. 복합지표가 필요한 경우는 단일지표 하나만으로는 과제의 결과나 목적달성 정도를 측정하는 데 충분하지 않기 때문이다. 따라서 지표의 대표성이 약할 경우 복수의 지표를 결합하여 복합 지표화 혹은 지수화한다. 지수형 지표의 대표적인 형태는 물가지수나 코스닥 지수같은 형태라 할 수 있다. 지수화를 위해서는 구성되는 요소들에 대한 동일한 측정기준과 단위가 필요하다. 지수를 표현하는 산식이 다수의 구성요소들로 이루어질 경우 요소들의 중요도에 따라 가중치를 부여하기도 한다.

쉬어가기 **자원봉사 활성화 지수**

자원봉사 활성화라는 과제가 성공적으로 추진되었는지 평가를 하려면 어떻게 해야 할까? 우선, 평가를 하기 위한 기준으로서 평가지표가 있어야 한다. 보통의 경우 많은 사람들은 자원봉사자 등록수를 지표로 제시하곤 한다. 그러나 단순한 등록수 만으로 자원봉사 활성화가 잘 이루어졌음을 입증하기에는 한계가 있다. 전체 잠재적 대상자가 얼마인가에 따라 등록자수 500명은 많다고 할 수도 있고 적다고 할 수도 있다. 이를 보다 설득력 있게 만들기 위해 자원봉사자 등록률로 지표를 업그레이드 한다. 얼핏 괜찮게 보일지는 모르나 등록률이 높다는 것과 자원봉사 활성화는 어딘지 모르게 관계가 완벽하지 못하다는 느낌을 지울 수 없다. 여기에 일정시간 이상(예, 8시간 이상/월) 자원봉사에 참여하는 인원 수를 참여율로 지표화하여 병행 사용하면 어떨까? 즉, 자원봉사자 등록률과 참여율을 60:40의 비율로 결합하여 지표로 사용한다면 자원봉사 활성화의 성과를 나타내는 데 훨씬 설득력이 있을 것이다. 이처럼 두 개 이상의 지표가 결합되어 지표의 대표성과 품질을 향상시킬 수 있다면 얼마든지 환영할 일이다.

다) 서열지표와 등급지표

서열지표와 등급지표는 다른 지표와 달리 목표 대비 실적을 직접 비교하여 측정할 수 없는 지표에 속한다. 예를 들면, 참여율 지표의 경우 달성도를 측정할 때 참여자 실적치를 계획된 목표치로 나누면 되지만 경기에서 서열지표의 경우 서열 실적치 3위는 서열 목표치 2위와 직접 비교하여 달성 정도를 파악하는 것이 불가능하다. 따라서 서열지표와 등급지표는 해당 서열, 순서 혹은 등급에 각각의 점수를 사전에 부여해야 한다. 이런 의미에서 보면 이 두 유형의 지표는 부분적으로 정성지표의 성격을 일부 가지고 있다고 볼 수도 있다. 전국체육대회를 예로 들어보자. 입상에 대한 성과지표와 목표치가 종합순위로 되어있다고 할 때 1위: 100점, 2위: 90점, 3위: 80점, 4위: 70점, 5위 이하: 60점 등으로 사전에 점수가 정해져야 달성도 평가가 가능하다. 만약 종합 2위가 목표였는데 3위를 획득했다면 약 89% 달성률로 계산할 수 있다.

라) 기타 다양한 지표의 유형

앞에서 언급한 성과지표 외에도 다양한 형태의 지표가 존재할 수 있다. 전사적으로 모든 부서와 구성원이 적용받는 공통지표와 특정 집단이나 부서,

개인에만 적용되는 고유지표가 있을 수 있다. 또한, 성격상 전사적으로 중요한 핵심과제를 관리하기 위한 전략지표와 일상적인 업무에 적용할 수 있는 일반지표 그리고 특수한 상황이나 조건하에서만 사용이 가능한 조건부 지표도 존재한다. 그 외에도 시간의 흐름에 따라 변화가 없는 고정형 지표와 상황에 따라 변할 수 있는 변동형 지표, 과제와 관련된 지표실적의 방향과 과제의 추구목적이 비례하는 정방향 지표와 그 반대의 역방향 지표로 구분할 수도 있다. 성과지표의 형태는 지표를 보는 관점에 따라 추가적인 분류가 가능하다.

쉬어가기 조건부 지표

어떤 성과지표의 경우에는 특수한 상황을 가정하여 조건부로 성과지표를 설정해야 할 경우가 있다. 이는 주로 미래 상황의 불확실성 때문에 이에 대한 리스크를 고려하여 설계된 성과지표 유형이다. 예를 들어, 해외 원자재 가격을 예측하여 조건부 구매비용의 절감 목표치를 설정하거나 변동되는 환율의 예측을 기반으로 다른 성과나 수익성 목표를 설정하는 경우도 이에 해당된다. 해외 원자재 조달과 관련해서는 환율의 변동 범위를 몇 개의 구간으로 나누고 변동 구간별로 목표 조달비용 계획을 설정할 수 있다. 예를 들면, 환율변동을 기준 대비 -10% 미만, 0% 미만, +10% 미만, +20% 미만, 20% 이상으로 구간을 설정하고 구간별 목표값을 부여하는 형태가 될 것이다. 미래의 기후변화나 기상 상태는 많은 영역에 직·간접적으로 영향을 미친다. 그러므로 자연 농업의 경우 이와 같은 리스크를 무시하고 일방적으로 성과지표와 목표를 설정한다면 이는 평가의 결과를 완전히 운에 맡겨야 하는 신세가 된다. 농작물 수확량이라는 성과지표와 그 결과는 주어진 통제 불가능한 여건 속에서 얼마만큼 이를 극복하고 성과를 창출했는가가 중요하다. 특정 농작물의 경우 장마 일수와 작물의 성장속도가 높은 상관관계를 갖는다고 가정할 때 재배하는 기간 동안 일정수준 이상의 강수량을 기록한 날짜의 비율 구간을 정하여 구간별 평당 생산성과 수확량을 측정할 수 있을 것이다. 예를 들면, 일정 수준 이상의 강수량을 기록한 일수 비율을 기준으로 20% 미만, 20%이상~40%미만, 40%이상~60%미만, 60% 이상의 구간을 정해 구간별 수확량 목표를 평당 20kg에서 10kg까지 세부적으로 설정할 수 있을 것이다.

4) 최적의 지표 형태 설정

성과지표는 앞에서 언급한 대로 설계방법에 따라 그 형태가 다양하다. 수량이나 빈도, 금액으로 표현하는 단순한 지표도 있고 분모와 분자가 있는 비율이나 점유율, 증감률 같은 지표도 있다. 그 외에 순위를 표시하는 서열지표, 레벨 수준을 나타내는 등급지표, 일정구간의 위치를 알려주는 구간지표도 있다. 또한 표시에 있어서도 절대적인 숫자나 점수로 표시하는 방법, 상대적인 기준을 정해놓고 표시하는 방법 등 다양하다. 이와 같은 지표 형태 중 어느 지표가 전략과제나 사업의 특성 그리고 조직의 여건을 고려하여 가장 적합한가를 파악하는 일은 중요하다. 최적의 지표는 과제의 목적달성에 대한 지표의 입증력이 얼마나 높은가와 관련성이 있으며 그것이 클수록 대표성이 확보된다고 할 수 있다. 또한 성과지표는 조직의 성숙도나 과제의 추구 목적에 따라 달라지기도 하며 사용하는 용도에 따라 변화될 수도 있다.

쉬어가기 **홈페이지 활성화 지수**

'새로 리뉴얼한 홈페이지 활성화'라는 전략과제의 성과지표 설정에 관한 얘기이다. 새로 개편된 홈페이지가 6개월이 지난 시점에서 얼마나 활성화되었는지 본부장님한테 보고하라는 지시가 있었다. 본 과제의 성과를 어떻게 입증할 수 있을까? 우선, 성과를 나타내기 위한 기준으로 성과지표가 요구된다. 많은 경우에 방문객 수나 방문객 증가율로 성과지표를 설정하려고 할 것이다. 과연, 이것이 맞는 것일까? 다른 방법은 없을까? 라고 질문을 던져볼 수 있다. 이 시점에서 홈페이지 활성화의 의미와 목적이 무엇인지 고민해야 한다. 그것도 고객의 시각에서 말이다. 접속 방문객 수를 성과지표로 하면 나름 의미가 있는 것 같지만 그 접속 방문객들이 곧바로 빠져나간다면 무슨 가치가 있는가? 방문객 숫자의 증가 실적에는 도움이 될지 몰라도 이것으로 홈페이지가 활성화되었다고 간주하기에는 무엇인가 충분하지 않다. 그렇다고 고객만족도 지표를 사용한다면 타당성이 있는가? 사용해본 사람들의 만족도는 향상되었지만 접속자 수가 증가하지 않거나 접속자들이 홈페이지를 둘러보는 시간이 오히려 단축되었다면 활성화와 거리가 있다고 봐야 할 것이다. 그 외에도 방문객의 체류시간, 자료 등록 수, 구독 뷰 횟수 등등 다양한 성과지표를 고려해볼 수 있다. 결론은 어느 하나의 지표만으로는 부족하다. 복수의 지표를 결합시켜야 할 필요가 있다. 일단 접속자 혹은 방문객 수가 증가하고 그 방문객들이 홈페이지에 체류한 평균시간이 늘어난다면 그리고 거기에 만족도가 동시에 향상된다면 새로 단장된 홈페이지가 활성화되었다고 말할 수 있을 것이다. 여러 개의 지표를 복합적으로 결합하여 홈페이지활성화 지수를 설계하고 그 지수에 의해 개편 전과 후를 비교하면 활성화 성과를 입증할 수 있지 않을까?

4

특수한 상황을 고려한 성과지표 설계

1) 상충지표(충돌지표)의 검토 및 개선

이는 기업이나 공공조직 할 것 없이 모든 조직에서 발생하고 있는 지표의 문제이기도 하다. 상충지표란 사용하는 개별지표 간에 발생하는 효과가 서로 상쇄되어 조직 전체로는 시너지 효과가 억제되는 지표를 말한다. 상충지표가 존재하면 말 그대로 지표별 목표는 달성되더라도 다른 지표의 효과와 충돌되어 조직 입장에서는 효과가 반감된다. 그렇다면 이와 같은 상충지표는 왜 발생하며 이 문제를 해결하기 위해서 어떻게 해야 하는가? 상충지표는 기능식 조직의 한계로부터 발생한다. 전체보다 부문과 기능 중심의 조직과 문화로 인해 이것이 성과지표에도 그대로 적용된 결과라고 할 수 있다. 따라서 상충지표를 제거하기 위해서는 전사적 가치사슬(Value Chain)을 체계적으로 분석하거나 거시적 차원의 수평 프로세스 관점에서 과제나 사업을 조망하는 것이 필요하다. 따라서 특정지표가 조직에 의미있는 지표로 되기 위해서는 이 지표와 역(-)의 관계에 있는 지표가 존재하는가를 철저하게 분석해야 한다.

상충지표의 예로 환경에 있어 개발과 보존의 경우를 들어보자. 개발을 통한 이득의 확보는 녹지나 생태의 보존 측면에서는 손실을 수반하게 된다. 반대로 보존의 강화는 개발의 제한이나 억제를 조장할 수밖에 없다. 어느 한쪽에서의 높은 성과가 오히려 조직 전체의 생산성을 떨어뜨리는 결과로 나타날 수 있다.

전사적 차원에서 성과를 관리하는 부서는 내부에 상존 가능한 상충지표의 철저한 점검을 통해 이 문제를 적극적으로 해결해야 할 책임이 있다.

쉬어가기 **인력 확보와 관련된 부서간 상충지표**

A 회사의 인사부서는 금년도 전략과제 중 하나를 '인력관리 효율화'로 설정했다. 목표치는 대외적인 여건을 감안하여 전년 대비 인건비 감소와 인원수 동결 수준이다. 최근 해외 시장 개척의 필요성에 따라 영업부서와 생산부서에서는 인원 충원을 계속 요청하고 있는 상황이다. 인사부서는 금년 성과평가에서 목표를 달성하지 못하면 성과급이 최소 25% 정도 감소될 것으로 보인다. 따라서 매출이 증가하지 않는 한 인원 채용은 최대한 억제할 계획이며 전사적인 인건비 절감 대책의 일환으로 성과급도 일정 부분 전년보다 축소 운영할 예정이다. 어떻게 하는 것이 현명한 일인가? 인사부서 입장에서는 이런 저런 이유로 인원 충원에 매우 부정적이다. 영업부서는 중장기전략의 차질 없는 추진은 물론 해외시장 점유율과 신규 매출 증가율 20%를 금년도 절대적인 목표로 설정하고 있다. 영업과 생산 부서는 이를 위해 마케팅과 제품 개발에 필요한 최소 인력이 충원되어야만 한다는 입장이다. 일련의 상황을 어떻게 해결하면 좋을까? 성과관리부서에서는 전사적 차원에서 인력을 충원할 경우와 충원하지 않을 경우에 대한 비용 대 효과분석을 실시할 필요가 있다. 인력 충원을 통한 비용보다 생산과 영업에서 보다 높은 부가가치가 창출된다면 당연히 인력 충원을 포함하여 그에 따른 지표나 실행과제의 조건을 변경하도록 해야 한다. 인사 부서의 경우는 내부 진단을 통해 오히려 부가가치가 낮은 부문의 인력을 재배치함으로써 성과목표를 달성하도록 하는 방안을 고려해볼 수 있다.

2) 수단지표가 아닌 목적지향 지표의 설계

수단지표란 전략과제나 주요사업의 목적달성 수준을 직접 측정하는 지표가 아니라 목적달성에 필요한 수단이나 과정의 달성 정도에 대해 측정하는

지표를 말한다. 다시 말하면 결과에 대한 측정이 아니라 과정에 대한 측정을 중심으로 지표를 설계한다. 수단지표의 문제는 수단의 완벽성과 충분성이 곧 목적달성과 직결되지는 않는다는 점이다. 공부를 열심히 한다고 해서 (수단의 충분성) 성적이 반드시 오른다(목적 달성)고 볼 수 없는 것과 마찬가지 논리다. 따라서 이와 같은 수단지표를 감소시키기 위해서는 설계 대상의 목적이나 본질이 무엇인가를 고려하여 이 관점에서 지표를 설계하는 것이 필요하다.

목적지향 지표를 설계하는 절차를 보면

① 측정대상 선정: 성과를 측정하고자 하는 과제 및 주요사업의 선정

② 목적의 탐색: 과제 및 주요사업을 통해 궁극적으로 구현하고자 하는 사항들의 파악

③ 목적의 정의 및 해석: 다양하게 파악된 목적 중 가장 적합한 내용으로 목적을 재정의하고 해석

④ 지표의 설계: 재정의된 목적의 구현 정도를 측정할 수 있는 기준이나 원칙의 설계

쉬어가기 **인재육성 관련 성과지표**

'체계적인 인재육성'이라는 전략과제가 설정되었다고 가정해 보자. 이를 관리하기 위해 어떤 성과지표를 설계해야 할까? 아마도 별 고민없이 지표를 제시할 경우 '인당 교육 이수 시간' 혹은 '교육 이수율' 형태로 제시할 가능성이 높다. 과연 이 성과지표는 대표성이 있는가? '인당 교육 이수 시간'이나 '교육 이수율'이 향상되면 체계적으로 인재가 육성되었다고 말할 수 있는가? '그렇다'고 단정적으로 말할 수 없다. 인재를 잘 육성하려면 물론 교육이 필요하다. 그러나 교육을 많이 받았다고 해서 인재가 체계적으로 육성되었다고 하기에는 곤란하다. 이처럼 과제의 목적을 달성하기 위한 구현 수단을 지표로 설정하면 대표성이 확보되지 않는다.

이와 같은 오류를 범하지 않으려면 전략과제를 통해 추구하는 목적달성 정도를 직접 측정할 수 있도록 성과지표를 설계해야 한다. '체계적인 인재육성'의 성과지표를 설계하기 위해서는 인재육성에 대한 정의가 먼저다. 예를 들어 경영, 기술, 유통 분야의 경우 분야별 인재상을 정립하고 필요 역량을 정의한 후 기준을 구체화한다. 이를 기초로 체크리스트를 작성, 활용하면 인재가 갖춰야 하는 역량 수준에 대한 점수화가 가능하다. 이때 성과지표와 목표치는 분야별 '일정 수준(80점 이상)의 역량을 확보한 구성원 비율=85%'의 형태로 설정할 수 있다. 이와 같은 방법을 통해 단순한 '교육 이수 시간'이나 '교육 이수율'보다 의미있는 목적지향의 성과지표를 설계할 수 있다.

3) 협업지표에 대한 설계

어떤 특정 전략과제나 사업의 경우 성공적인 추진을 위해 전체 혹은 몇 개 부서의 협력이 절대적으로 필요할 수 있다. 그와 같은 경우 적절한 상호 협력이 없으면 사업의 최종적인 목적달성에 치명적인 문제를 야기할 수도 있다. 이때 사업의 주관부서는 관련부서와의 협업을 위한 체계적인 계획을 수립해야 한다. 예를 들면, 홍보부서의 경우 조직의 브랜드 가치와 인지도를 획기적으로 향상시키기 위한 도전적인 목표를 설정했다고 하자. 당연히 많은 양의 홍보자료를 기획, 제작하여 언론사에 배포하게 된다. 이때 현업부서의 협조가 없으면 홍보부서 독자적으로 수행할 수 있는 영역은 극히 제한적일 수밖에 없다. 전사 차원에서 추진되는 큰 과제나 사업의 경우가 대체로 그렇다. 이럴 때 부서 간의 협력이 원활하게 체계적으로 이뤄지도록 하기 위해 성과관리 차원에서 협업지표를 활용한다. 전사 차원의 대형 행사를 기획하고 추진하는 경우도 마찬가지이다. 다수의 부서가 주어진 역할과 일정에 맞춰 요구된 활동과 산출물을 적시에 처리하거나 주관부서로 보내 주어야 하기 때문이다. 아래의 그림은 사업의 추진단계에 따른 부서 간 역할 및 협력 정도를 나타내는 지표의 활용 사례를 보여주고 있다.

〈그림 6-4〉 협업지표의 활용 이미지

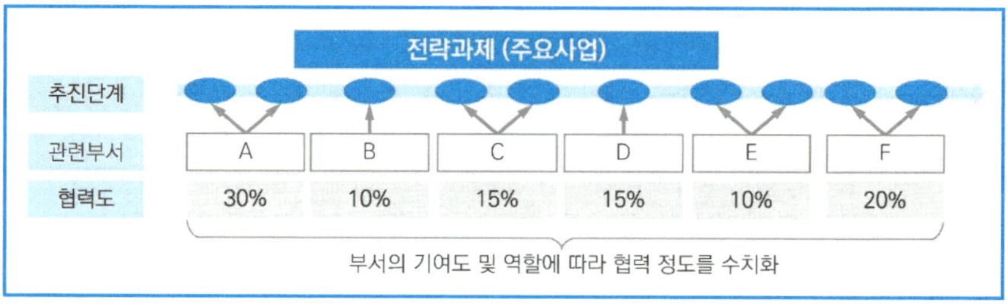

협업지표를 실제 조직에서 활용하기 위해서는 과제의 주관부서가 과제가 추구하는 목적이나 목표에 대한 관련 부서별 협력 정도를 체계적으로 평가해야 한다. 아래의 표는 부서별 협력도 평가 예시를 보여주고 있다.

〈표 6-4〉 부서별 협력도 평가 예시

과제명	과제 비중	과제별 협력 점수	건설과	건축과	물류과	인재 개발과	연구 개발과	산업 정책과	경제과	전략 기획과	국제 협력과	홍보과	도시 계획과	마케팅과	고객 관리과	복리 후생과	기술 지원과
			협력도	협력도	협력도	협력도	협력도	협력도	협력도	협력도	협력도	협력도	협력도	협력도	협력도	협력도	협력도
			비율	비율	비율	비율	비율	비율	비율	비율	비율	비율	비율	비율	비율	비율	비율
산업기반시설	2.17	24	1	2	2	1	2	2	2	3	2	2	2	2	1		
개선			0.09	0.18	0.18	0.09	0.18	0.18	0.18	0.27	0.18	0.18	0.18	0.18	0.09	0.00	0.00
신 성장 산업의	1.83	17	1	2	3	1	1	2	2	2	1			1	1		
체계적 발굴			0.11	0.22	0.32	0.11	0.11	0.22	0.22	0.22	0.11	0.00	0.00	0.11	0.11	0.00	0.00
최고의 브랜드	1.00	11				2	2	2	3			1			1		
가치 제고			0.00	0.00	0.00	0.18	0.18	0.18	0.27	0.00	0.00	0.09	0.00	0.00	0.09	0.00	0.00
정보서비스	0.83	13			2		1	1		2	2				3	2	
인프라 구축			0.00	0.00	0.13	0.00	0.06	0.06	0.00	0.13	0.13	0.00	0.00	0.00	0.19	0.13	0.00
산업정보	1.00	12		3			2	2			1	2	2				
시스템 구축			0.00	0.25	0.00	0.00	0.17	0.17	0.00	0.00	0.08	0.17	0.17	0.00	0.00	0.00	0.00
글로벌 시장의	1.17	13				2	2	2	2					1	2		2
개척			0.00	0.00	0.00	0.18	0.18	0.18	0.18	0.00	0.00	0.00	0.00	0.09	0.18	0.00	0.18
안정된 일자리	1.50	15				1	2	1		1	3	2	2	1	2		
창출			0.00	0.00	0.00	0.10	0.20	0.10	0.00	0.10	0.30	0.20	0.20	0.10	0.20	0.00	0.00
국제교류협력	1.00	9						1	2		1	3	1		1		
강화			0.00	0.00	0.00	0.00	0.00	0.11	0.22	0.00	0.11	0.33	0.11	0.00	0.11	0.00	0.00
특화 상품 개발	1.00	11					1	2			2	2	3		1		
			0.00	0.00	0.00	0.00	0.09	0.18	0.00	0.00	0.18	0.18	0.27	0.00	0.09	0.00	0.00
협력 지수 합계	11.50		0.20	0.65	0.63	0.66	1.17	1.38	1.07	0.71	1.09	1.15	0.93	0.48	1.06	0.13	0.18
비율	100%		1.72%	5.62%	5.49%	5.74%	10.19%	12.01%	9.31%	6.21%	9.50%	10.03%	8.10%	4.16%	9.24%	1.11%	1.56%

〈표 6-5〉 글로벌지표 예시

NO	지표명	목표치 (현재)	목표치 (20##)	목표치 (20**)	측정산식
1	국민 식량 생산 기술 수준	G7	G6	G5	-KISTEP 등 국가 기관에 의뢰 결과 도출
2	농축산물 고품질 안정 생산 기술 수준	OECD	G10	G7	-KISTEP 등 국가 기관에 의뢰 결과 도출
3	안전 농축산물 생산 기술 수준	OECD	G10	G7	-KISTEP 등 국가 기관에 의뢰 결과 도출
4	농업생명공학 기술 수준	OECD	G10	G7	〃
5	농촌자원개발 기술 수준	OECD	G10	G7	〃
6	농업기계화·자동화 기술 수준	OECD	G10	G7	〃
7	식량자급 기여율(쌀)	100% 이상	100% 이상	100% 이상	자급량/ 총수요량*100

농촌진흥청 자료 활용

6) 연구개발지표의 설계

연구개발(R&D)지표는 업무의 특성을 기준으로 설계한 지표라 할 수 있다. 연구의 특성상 단기보다는 장기에 거쳐 창출되는 성과물을 관리하기 위해 필요하다. 이는 성과에 대한 측정 기간을 대체로 1년 단위로 설정하고 있는 현실을 반영한 부분이기도 하다. 연구개발의 단계는 제품이나 서비스마다 서로 다를 수 있다. 일반적으로 연구개발은 기획, 설계, 시제품 제작, 본 제품 설계 및 양산이라는 프로세스를 거치기도 하고 혹은 개념설계, 엔지니어링, 제조라는 단계적 절차에 따라 이루어지기도 한다. 또한, 농축산업의 연구개발의 경우에는 방향 설정, 기술개발, 상용화, 대량 보급의 과정을 거치기도 한다. 이때 사용 가능한 지표는 기술개발 공정률, 기술개발 실적, 기술 확보 수준, 기술 상용화율, 기술 활용률, 기술 보급률 등으로 볼 수 있다. 연구개발(R&D)지표의 경우 이처럼 과정이나 프로세스 기반이 아니고 콘텐츠 중심으로 성과지표를 고려할 수도 있다. 예를 들면, 연구개발 소요기간, 연구개발 비용, 연구개발 인력, 연구개발에 대한 전문가 평가점수 등도 성과지표로 활용된다.

5

정성지표의 설계

1) 정성지표의 개념

성과지표는 크게 정량지표와 정성지표로 구분할 수 있다. 정량지표가 양을 기반으로 하는 수치형 지표인 데 비해 정성지표는 특정 대상에 대한 느낌이나 속성, 품질을 표시하는 지표라 할 수 있다. 예를 들어 매출액, 영업이익, 제안 채택률 등으로 성과를 표시하는 형태가 정량지표의 전형적인 유형이며 직원들이 평소 과업 달성을 위해 얼마나 노력을 했는지, 업무를 얼마나 창의적이고 효율적으로 수행했는지를 평가하는 데 사용되는 지표가 정성지표이다. 정량지표는 금액, 인원 수, 비율 등 수치를 사용하는 가장 기본적이고 보편적인 성과지표라고 볼 수 있다. 정성지표는 어떤 대상이나 활동에 대한 의견 혹은 품질 수준을 나타내므로 보통 설문조사에서 많이 사용하는 '매우 좋음, 좋음, 보통, 미흡, 매우 미흡'과 같은 형식이 일반적이다. 이처럼 수치가 아닌 의견과 견해를 바탕으로 기대에 부합하는 정도를 평가하므로 평가자의 주관성이 개입될 여지가 많다. 평소 자주 사용하고 있는 고객 만족도, 브랜드

인지도, 아이디어 혁신성 등도 정성지표에 해당된다. 정량지표를 활용하면 조직이 지향하는 목표를 확실하게 정의할 수 있고, 달성 현황을 체계적으로 파악할 수 있다. 또한, 구성원 입장에서도 목표가 명확하여 보다 업무에 적극적이고 능동적으로 움직일 수 있다. 그러나 이와 같은 장점에도 불구하고 정량지표에만 치중하다 보면 생각하지 못했던 부작용이 나올 수 있다. 조직은 정량지표가 커버하지 못하는 다양한 영역들이 존재할 수밖에 없으며 어떤 면에서는 숫자로 표현할 수 없는 부분의 성과가 더 중요할 수 있기 때문이다.

쉬어가기 지역 축제관련 지표

어느 지역에서 개최된 축제 사례를 살펴보자. 이 지역에서는 축제를 통해 지역주민들의 자긍심을 높이는 동시에 관광객을 유치해 지역경제를 활성화하는 것이 목적이었다. 축제의 성과를 평가하기 위한 정량지표를 '방문객 수'로 정하고 이를 달성하기 위해 많은 노력을 기울였다. 공무원들은 물론 지역의 유지들까지 나서 홍보와 고객 유치에 올인한 결과 방문객 30만 명을 초과하는 엄청난 성과를 올렸다. 그것까지는 좋았다. 그런데 과연 당초의 목적은 달성했을까? 잠시 축제의 성과 내용을 보다 깊게 분석해보자.

그들은 방문객을 한 명이라도 더 유치하기 위해 홍보에 열을 올렸다. 지역주민을 위하고 지역의 좋은 이미지를 심어줄 수 있는 품격있는 축제 프로그램을 기획하기보다, 주변 학교를 포함하여 지역과 연계된 단체를 통해 방문객 수를 늘리는 데 총력을 기울였던 것이다. 관리해야 하는 성과지표가 '방문객 수'로 설정된 까닭이다. 형식적으로는 목표가 초과달성되어 좋은 평가를 받았다. 그렇지만 당초 목적인 지역 이미지와 인지도 상승을 통한 지역 주민의 자긍심 향상은 고사하고 많은 방문객들로부터 '차별성 없는 축제' '보여주기식 축제'라는 좋지 않은 인상만 남기는 결과를 초래했다. 만약 정량지표의 한계를 극복하기 위해 방문객들을 대상으로 만족도라는 정성지표를 병행했더라면 준비단계에서부터 지역의 이미지 개선과 방문객들을 위한 프로그램을 기획하는 데 더욱 정성을 쏟았을 것이다.

2) 정성지표의 특성

정성지표는 이미 설명한 대로 객관적인 수치를 사용하여 성과를 측정하는 데 어려움이 따를 때 사용된다. 따라서 정성지표는 정형화되어 있지 않으며 다양한 방법으로 설계할 수 있는 반면 객관성 측면에서는 많은 한계를 가질 수밖에 없다. 이는 정성지표가 정량지표에 비해 가지고 있는 특성들이 다르기 때문이다.

〈표 6-6〉 정량지표와 정성지표의 비교

구분	정량지표	정성지표
목표 가시화	구체적 목표	추상적 목표
사용 요소	객관적 수치 데이터	속성이나 품질 자료
측정 포인트	객관적, 공정성 우선	의견이나 견해 우선
결과값 형태	비율, 점수, 순위, 등급 (달성도)	기대에 부합하는 정도 (매우 좋음~아주 나쁨)
측정 방식	절대 수치 활용	척도방식 사용(리커르트)
결과 특성	보편성 (상황에 관계없이 동일한 결과값)	특수성 (상황에 따라 결과값 변동 가능)

3) 정성지표의 설계방법

정확한 평가를 위해 정성지표를 사용해야 하는 경우 사전에 지표설계는 물론 이를 계량화하는 방법이 설정되어 있어야 한다. 우선 정성지표를 잘 설계하기 위해서는 어떻게 해야 할까? 가장 중요한 포인트는 대상사업을 통해 추구하는 목적이 무엇인가를 정의하는 일이다. 지향하는 목적이 명확해야 이를 달성하는 수단을 체계적으로 도출할 수 있으며 핵심적인 관리 포인트도 쉽게 파악할 수 있기 때문이다. 어떤 사업이든 고유한 특성이 있고 그 성격에 따라 추진 과정과 방법이 다를 수밖에 없다. 담당자라면 누구나 훌륭한 성과물을 만들기 위해 사업의 특성에 맞는 활동들이 무엇인지 고민하면서 장애물을 극복하려고 노력할 것이다. 따라서, 과업 대상의 성과물을 창출해가는 과정을 추적하면서 입체적으로 성과 수준을 측정해야 할 것이다. 이를 위해서는 내용별 혹은 단계별로 세분화된 핵심 관련 요소를 정리하고 이를 계량화하기 위한 방법을 강구한다. 아래 고객만족도 예시의 경우 두 가지 측면에서 주요 내용을 세분화하고 각각의 관련 요소를 중심으로 설문 문항을 작성하여 고객만족도를 측정한다.

〈표 6-7〉 정성지표의 측정방법 설계 예시

정성지표	주요 내용	관련요소	척도
고객 만족도	• 고객의 애로 및 불만을 적극적으로 처리하는 수준	• 담당자의 응대 자세 • 서비스 처리 속도 • 고객 마인드(애로공감)	설문을 통한 요소별 측정기준 설정 (예, 리커르트 척도법 사용 등)
	• 제공한 서비스에 대해 전반적으로 체감하는 만족 수준 등	• 서비스 자체 품질 • 서비스 제공 프로세스 • 서비스 체감도	

6

지표 산식의 명확화

1) 지표 산식의 설계

지표의 산식이란 성과지표의 목표치를 설정하거나 성과를 측정할 때 적용하는 기준이나 방법을 구체화한 것이다. 단순한 산출지표인 인원 수 혹은 횟수 같은 지표의 경우에는 조건에 맞는 사항들만 선별하여 측정하면 된다. 그러나 비율지표의 경우는 분모와 분자를 어떤 조건에서 어떻게 계산하는지, 범위는 어디까지인지 등 관련 사항들을 확정하는 절차가 필요하다. 또한, 등급지표나 서열지표의 경우는 등급별, 서열별 점수 산정방식을 사전에 마련해야 한다. 따라서 산식에는 필요한 항목들을 구체적이고 명확하게 정의할 필요가 있다. 예를 들어 성과지표를 '국산화 비율'이라고 할 때 국산화의 기준을 금액 단위로 할 것인지 아니면 공정 단위나 부품 수 등 수량을 기준으로 할 것인지 분명히 해야 한다. 또한 산식에 나타난 분모와 분자의 범위나 성격(대상범위, 적용기간, 입고/사용기준 등)을 명확하고 구체적으로 설정하는 것도 중요하다.

2) 지표 산식의 구체화

지표 산식의 구체화란 성과를 측정하거나 평가할 때 적용하는 상세한 기준이나 방법을 말한다. 이를 사전에 명확하게 설정하지 않으면 평가 시에 많은 혼란이 야기될 수 있다. 하나의 예를 들어보자. 교육 이수율 지표의 경우 여러 가지 형태의 산식을 설계할 수 있다. 회사 내의 전체 수강 대상자 대비 수료자 비율로 산식을 설정할 수도 있고 교육 입교 대상자 대비 수료자 비율로 산식을 설계할 수도 있다. 따라서 이수율 지표를 관리하기 위해서는 어떤 형태가 되든 분자인 수료자와 분모인 대상자 항목이 필요하다. 또한 수료자의 기준을 단순하게 이수증을 받은 자로 할 것인지 출석률 등 종합평가를 통한 점수 획득자로 할 것인지 조건을 정해야만 한다. 대상자를 계산하기 위해서는 우선 대상자 개념과 범위가 명확하게 정의되어야 한다. 그래야만 설계된 산식의 적용을 통해 의미있는 성과를 산출할 수 있기 때문이다.

〈표 6-8〉 지표 산식의 예시

성과지표	산식	목표치
교육 이수율	수료자/전체 수강 대상자*100	80%
	※ 수료자: 교육 수료증 이수자 ※ 전체 대상자: 입사 3년차 이상 과장 이하 전 직원	
고객만족도	Σ만족도 점수/응답자 수	85점
	매우 우수(100), 우수(90), 보통(80), 미흡(70), 매우 미흡(60)	
품질 등급	획득한 품질 등급 환산 점수	1등급 (90점)
	특등급(100), 1등급(90), 2등급(80), 3등급(70), 등 외(60)	
자원봉사 활성화지수	자원봉사 등록률(60%)+자원봉사 참여율(40%)	70
	자원봉사 등록률=자원봉사 등록자/자원봉사 등록 대상 인원*100 자원봉사 참여율=연 30시간 이상 자원봉사 참여자/자원봉사 등록 대상 인원	

7

효과적인 성과지표 관리의 방법

1) 성과지표 풀(pool) 관리

가) 성과지표 풀(pool)의 중요성

어떻게 성과지표를 보다 효과적으로 관리할 것인가에 대해서는 성과관리 담당자들조차 별로 고민하고 있지 않는 것 같다. 물론 그 방법은 관리목적에 따라 달라질 수 있기 때문에 일률적으로 말하기에는 한계가 있는 것도 사실이다. 그러나 지표 풀(Pool)을 체계적으로 관리하는 것은 성공적인 성과관리의 기반을 확고하게 하는 것임에는 틀림이 없다. 이를 위해서는 사용 가능한 다양한 지표들을 개발하고 그중에서 조직의 여건에 맞는 최적의 지표를 선정, 활용하는 것도 좋은 방법이다. 성과지표 풀(Pool)의 구성은 기능별, 부서별로 하거나 전략목표 혹은 과제별로 분류할 수도 있고 밸류체인이나 프로세스 단계별로 그룹핑할 수도 있다. 여기에서 중요한 점은 얼마나 지속적으로 지표 풀(Pool)을 업데이트하여 그 수준을 레벨 업시키는가에 있다. 또한, 지표 풀(Pool)의 체계적인 관리를 통해 지표의 히스토리 관리는 물론 현업의 성과지표의 품질 저하를 어떻게 예방할 수 있는가도 중요하다.

나) 성과지표 풀(pool)의 체계적 관리

지표 풀(Pool)의 경우 관리의 효과를 극대화하기 위해서는 활용성이 중요한데 이는 최적의 지표가 그 전제가 된다. 최적의 지표를 선정하는 기준은 일반적으로 지표의 대표성을 우선으로 하고 보조적으로 지표의 활용 가능성을 고려하는 것이 좋다. 지표의 대표성은 높더라도 지표를 사용하는 데 따른 제약조건이 많으면 한계가 있기 때문이다. 성과관리 부서는 현업으로 하여금 주요 과제에 대한 지표의 대표성과 활용성이 높은 지표를 우선적으로 선정하여 사용하도록 코칭을 해야 한다. 다음의 그림은 지표 풀(Pool)을 통한 지표평가 매트릭스를 보여주고 있다. 이 매트릭스를 활용하여 최적의 지표를 선정하는 방법은 화살표 방향의 순서가 된다.

〈그림 6-5〉 지표 풀(Pool)과 매트릭스

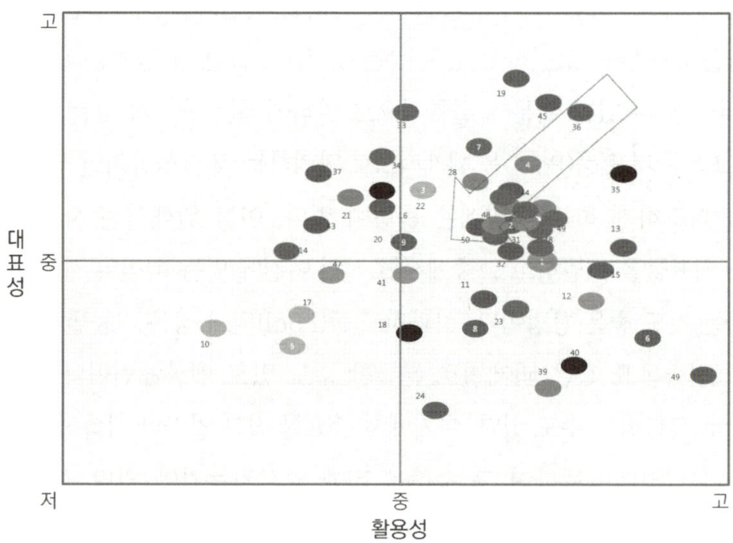

2) 지표의 등급관리 및 고도화

가) 성과지표의 역할

성과지표는 계기판과 같다고 언급한 바 있다. 우리가 일상에서 이용하는 자동차 계기판은 운전자에게 안전운전을 위해 지속적으로 시그널을 주고 있다. 따라서 그 계기판이 세련화되고 지능화될수록 운전자는 좀 더 편안하고 쾌적한 환경에서 안전운전을 할 수 있을 것이다. 이렇게 되기 위해서는 계기판의 성능이 고도화되어야 하듯이 성과관리에서는 성과지표의 품질이 고도화될 필요가 있다. 지표의 품질이 향상될수록 보다 의미있는 정보가 창출되고 그 결과로 책임자는 최적화된 의사결정을 할 수 있게 된다. 따라서 지표의 고도화는 성과지표를 올바르게 설계한다는 의미와 수준 높게 설계한다는 의미를 동시에 함축하고 있다. 이는 지표의 고도화를 통해 조직이 올바른 방향과 속도로 지속성장을 위해 전진하는 것을 체계적으로 지원할 뿐만 아니라 과제가 의도하고 있는 목적을 향해 끊임없는 항해를 할 수 있기 때문이다. 성과를 측정하는 지표는 다양한 종류가 있고 그 종류마다 나름대로의 특성이 있으므로 활용하는 목적에 따라 지표의 선택은 달라질 수 있으나 계기판으로서의 역할은 변함이 없다.

나) 성과지표의 등급 설정

성과지표를 보다 효과적으로 관리하기 위해서는 나름의 기준에 의해 지표를 평가하고 등급화할 필요가 있다. 등급화는 절대적인 원칙이나 기준이 있는 것은 아니다. 성과관리의 추진전략에 따라 얼마든지 달라질 수 있기 때문이다. 성과관리부서에서는 지표의 등급별 비율을 점검하고 관리하면서 지속적으로 지표 레벨 업을 유도할 필요가 있다. 위에서 언급한 지표의 대표성과 활용성을 기준으로 지표를 평가한다면 다음과 같다. 예를 들면 A급: ①②④, B급: ③⑤⑥⑦, C급: ⑧⑨ 등으로 분류하여 관리할 수 있다.

〈그림 6-6〉 성과지표의 매트릭스를 활용한 지표평가

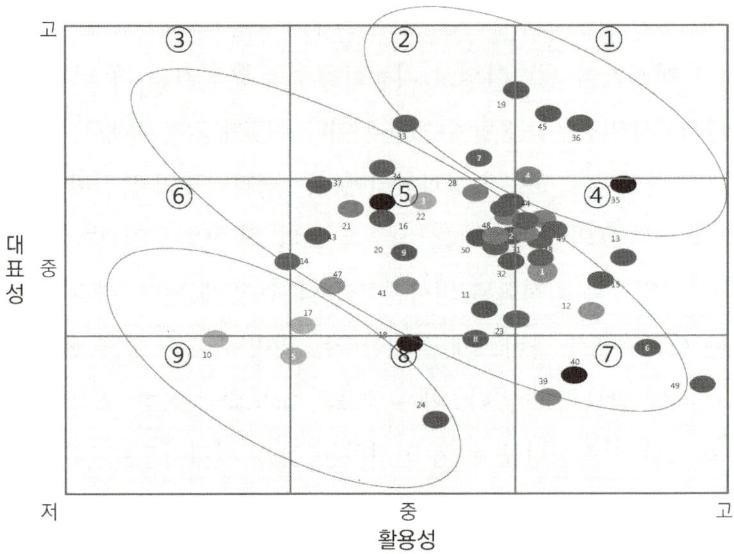

다) 성과지표의 단계별 고도화

성과지표는 일정 기간이 지나면 그 가치가 소멸되기도 한다. 이는 지표가 더 이상 가치있는 정보를 제공하는 계기판으로서 역할이 약화되기 때문이다. 이와 같은 수준에 도달하면 지표를 고도화해야 한다. 지표의 고도화는 기존 지표의 연계선상에서 내용이 개선되는 경우와 기존과는 달리 새로 재설계되는 경우로 나눠볼 수 있다.

'언론을 통한 대외 홍보력 강화' 관련 과제의 성과지표에 대해 알아보자. 과제의 최종 목적은 언론매체 보도 등 다양한 수단을 통해 국민들의 인지도를 향상시키는 것이다. 따라서, 가장 대표성 있는 성과지표는 국민의 인지도가 될 것이다. 여기에서는 설명의 편의상 언론 보도에 초점을 맞춰 성과지표의 고도화 과정을 살펴보자. 언론 보도를 통한 홍보를 강화해야 하는 경우 가장 쉽게 설계할 수 있는 성과지표는 보도자료 제공 건수가 될 것이다. 그러나 보도자료 제공 건수만으로는 과제의 목적달성과 연계된 성과의 수준을 측정할 수가 없다. 즉 연간 1,000건을 보도자료로 제공했다는 그 사실만으로는 보도를 통한 홍보를 잘했다고 볼 수가 없다는 것이다. 결국 제공된 자료 중에서 몇 건 정도가 신문이나 방송 등 언론매체를 통해 보도되었는가 하는 점이 더 중요하기 때문이다. 즉 제공된 것 중 보도로 노출된 빈도 즉, 보도율이 그나마 의미 있는 성과지표가 될 수 있다. 그러나 보도율도 근본적으로 보면 과제 측정을 위한 대표성이나 설명력이 높다고 할 수는 없다. 왜냐하면 많은 사람에게 특정 내용이나 사실을 알리는 보도나 홍보는 독자가 적은 지방 신문이나 매체에 홍보될 경우 기대한 효과를 거둘 수 없기 때문이다. 다시 말하면 보도가 쉬운 지방 매체보다는 중앙방송이나 중앙지 등 중앙매체에 보도되는 것이 더 효과적일 수밖에 없다. 그러므로 중앙매체 보도율 지표가 더욱 대표성이 있다고 말할 수 있다. 그러나 이 역시 과제가 추구하는 원초적인 목적달성과는 거리가 있을 수 있다. 즉, 보도율은 높지만 그것이 부정적인 보도가 많을 경우 오히려 조직차원에서 보면 마이너스(-) 효과를 초래하게 된다. 이렇게 되면 과제나 지표가 추구하는 당초의 목적에 적합하지 않으므로 지표에 따른 평가로는 한계가 있음을 알 수 있다. 따라서 단순한 보도율 지표보다는 그중에서 긍정적인 내용을 보도한 긍정보도율 지표가 더 의미가 있다고 할 수 있다. 물론 이것이 글로벌 매체 긍정보도율이라면 더 말할 나위가 없다.

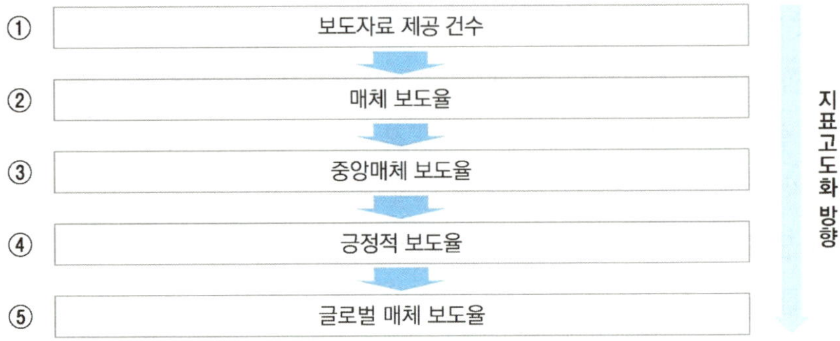

〈그림 6-7〉 성과지표 고도화 예시(홍보부서)

이처럼 언론을 통한 적극적 홍보라는 과제의 경우에도 보도자료 제공 건수 → 매체 보도율 → 중앙매체 보도율 → 긍정적 보도율처럼 과제의 본질적 목적에 적합하도록 지표의 품질수준을 단계적으로 고도화할 수 있다. 앞의 예에서 보듯이 단계가 높아져 지표가 고도화될수록 과제의 목적인 언론을 통한 국민의 인지도 향상에 대한 측정이 가능해진다.

3) 지표의 설명력 평가 및 관리

지표의 설명력은 앞서 언급한 지표의 대표성 혹은 지표의 품질수준과 관련된다. 지표의 설명력이 높다는 것은 해당지표가 과제의 목적달성 정도를 측정하는 데 충분하다는 의미로 해석할 수 있다. 이는 대표성이 커져 하나의 지표만으로도 과제를 평가하는 기준으로서 전혀 무리가 없다고 할 수 있다. 공부를 잘하는가를 나타내는 성과지표로서 시험점수는 설명력이 높고 대표성이 강하기 때문에 하나의 지표로써 과제의 목적달성 정도를 측정하기에 충분하다. 그러나 설명력이 약한 지표의 경우에는 대표성이 부족하여 추가적인 지표가 보완되어야 한다. 이와 같은 이유로 인해 복합지표 혹은 결합지표가 필요하게 된다. 일반적으로 설계한 성과지표가 과제의 목적달성의 정도를 70% 이상 측정 가능할 때 지표로서 가치를 인정하는 것이 합리적이다. 따라서 지표의 설명력이 너무 낮은 경우 추가적인 성과지표를 보완하여 설명력을 최소 70% 이상 향상시키는 작업을 수행해야 한다. 이렇게까지 성과지표를 관리해야 하느냐고 반문하는 사람들도 종종 있다. 그러나 성과지표를 설계하는 목적이 무엇인가를 다시 한번 음미해 볼 필요가 있다. 지표설계는 최종목적이 아니라 관리대상의 목적을 효율적으로 달성하기 위해 필요한 수단임에 틀림이 없다. 따라서 성과를 관리해야 할 과제가 목적에 부합되게 추진되고 있는지 그리고 그 성과가 기대수준에 맞게 구현되고 있는지 합리적으로 측정할 수 있어야 한다. 그렇게 해야만 올바른 과제관리와 성과관리가 가능하기 때문이다.

쉬어가기 **산림 보호 관련 지표**

예를 들면 "산림의 보호"라는 과제를 상정해보자. 무엇으로 산림 보호가 잘 되었음을 입증할 수 있는가가 지표개발의 핵심이라 할 수 있다. 잘 보호된 산림이란 묘목의 생존율이 높고 그것들이 튼튼하게 자라서 건강하고 울창한 숲을 이루며, 산림으로서 충분한 가치가 있는 것이다. 여기에서 산림보호는 산림의 가치에 대한 향상 등 거시적 측면보다는 편의상 훼손이나 피해로부터 예방이라는 미시적이며 관리적인 측면으로 한정해 설명한다.
이론적으로 보면 산림이 얼마나 잘 보호되었는가를 파악하기 위해 나무들의 생존율을 체크해야 하고 나무들이 얼마나 잘 자랐는가를 보기 위해 키와 둘레를 측정해야 할 것이다. 또한, 전수조사는 불가능하므로 조사 대상지역과 면적, 규모를 확정해야 하고 적정 샘플수, 조사방법과 시기 등의 의사결정이 수반되어야 한다. 이렇게 할 경우 성과지표의 관리를 통해 효과를 얻는 것보다 엄청난 비용이 수반되기 때문에 이런 방식은 현실적으로 적합하지 않음을 알 수 있다. 여기에서 발상의 전환이 필요하다. 대용 지표를 활용해 보고자 한다. 산림이 훼손되는 경우를 지표로 관리함으로써 역으로 산림 보호가 되었음을 입증할 수도 있다. 산림 훼손이 되는 경우란 태풍이나 지진같은 자연적인 재난을 제외하면 산불과 병충해 피해라고 보면 될 것이다. 따라서 대용 지표를 사용해도 큰 무리가 없는 경우에는 산불과 병충해 관련 성과지표만 설계하면 된다. 간단하게 설명을 하기 위해 병충해 관련 부분은 생략하고 산불과 관련해서만 언급하기로 하자. 일단, 산림이 보호되었음을 나타내는 가장 쉬운지표로 산불 발생 건수를 들 수 있다. 산불 발생 건수가 감소하면 산림이 어느 정도 보호되었음을 입증할 수 있다. 그러나 그것만으로는 부족하다. 왜냐하면 산불 발생 건수는 줄어도 더 넓은 면적의 산림이 산불 피해를 입을 수 있는 경우는 얼마든지 많기 때문이다. 그렇다면 산불 발생 건수 감소가 산림 보호가 잘 되었음을 어느 정도 입증할 수는 있지만 완벽하지는 못함을 알 수 있다. 다시 말하면, 지표의 설명력이 떨어지고 대표성이 약하기 때문에 이 지표는 활용에 있어 한계가 있다. 그 결과로 우리는 산림보호가 잘 되었음을 나타내기 위해 산불로 인한 피해 면적을 추가 지표로 설정하여 복합지표를 설계한다. 이처럼 산불 발생 건수와 피해 면적을 동시에 성과지표로 활용해도 설명력이 충분하지 못하다면 산불로 인한 피해액까지도 고려할 수 있어야 한다.

4) 지표의 적정수 관리

효율적인 성과관리를 위해 부서별 혹은 개인별로 관리해야 하는 적정한 지표의 수는 얼마나 될까? 성과를 관리하는데 적정한 지표 개수를 일률적으로 말하기는 어렵다. 이는 부서가 수행하는 업무 범위와 영역에 따라 그 편차가 다양하기 때문이다. 부서의 특성에 따라 한 개의 지표로도 부서의 전반적인 성과관리가 가능할 수도 있지만 부서의 업무가 다양하면 그렇게 할 수 없다. 중요한 것은 해당부서의 핵심적인 성과를 충분히 나타낼 정도의 지표가 설정되어 있느냐의 문제라고 볼 수 있다. 부서 단위를 기준으로 한 전략과제의 개수는 통상 3~5개 정도라고 얘기한다. 전략과제만을 성과지표로 관리할 것인지 그 외에 주요한 업무까지 성과관리의 대상으로 할 것인지에 따라 성과지표의 개수는 달라질 수 있다. 성과관리 이론에서는 전략과제 위주로 관리하는 것이 맞지만 개인차원까지 성과를 관리할 경우 일반적인 업무도 포함하기 때문이다. 따라서 전략업무, 고유업무, 공통업무에 대해 어디까지 성과관리 범위에 포함할 것인지 고민이 필요하다. 중요한 업무 1~2개를 맡고 있는 구성원과 중요도가 좀 낮은 다수의 업무를 맡고 있는 구성원에 대해 일률적으로 지표의 적정 개수를 제시할 수는 없다. 일반업무까지 포함하여 개인의 성과지표를 관리할 경우 통상 4~6개 정도가 보통이다.

5) 가중치 관리

가중치의 설정이 필요한 이유는 과제나 지표들 상호 간에 중요도와 난이도가 같지 않다는 전제에서 출발한다. 다시 말하면, 과제마다 여건에 맞는 실적과 성과를 도출했다 하더라도 그것이 조직 전체나 상위의 목표에 기여하는 정도는 다를 수밖에 없다. 또한, 성과의 결과가 동일하더라도 그 과정에 투입된 노력과 자원의 크기가 다르기 때문에 부서 혹은 전사적 기여도 차원에서 서로의 차이를 보정하기 위해 가중치를 설정하게 된다. 가중치를 합리적으로 설정하기 위해서는 우선 가중치 설정의 기준을 무엇으로 할 것인가를 정해야 한다. 일반적으로 전사지표의 경우는 비전이나 전략목표 달성에 그리고 부서지표의 경우는 부서 전체의 목표달성에 대한 과제별 기여도를 기준으로 가중치를 설정할 수 있다. 가중치를 설정할 때 주의해야 할 점은 과제, 지표 혹은 설정된 목표치를 단편적, 개별적으로 보기보다는 전체를 종합적인 관점에서 보아야 한다는 점이다. 아래 그림에서처럼 과제 A, B, C, D가 있다고 가정하자. 과제 A는 과제 자체로 볼 때 우수하지만 설정된 지표와 목표치가 미흡한 수준인 반면 과제 C는 과제 자체는 보통이지만 지표와 목표치 수준이 높다. 이럴 때 자칫 과제 자체의 명칭만 보고 가중치를 산정할 경우 오류를 범할 수 있으므로 과제와 관련된 지표 및 목표치 전체를 종합적으로 보고 판단해야 한다.

〈그림 6-8〉 과제와 가중치의 관계

과제명	과제등급	지표	지표등급	목표치	목표치등급	가중치
과제A	상	지표A	하	목표치A	하	가중치 ①
과제B	하	지표B	중	목표치B	중	가중치 ②
과제C	중	지표C	상	목표치C	상	가중치 ③
과제D	상	지표D	중	목표치D	하	가중치 ④

6) 목표치 수준의 관리

가) 목표치 설정의 의미

목표치의 관리는 왜 필요한가? 목표치를 체계적으로 관리하지 않으면 어떤 문제가 발생하는가? 목표치 설정은 성과관리 중에서 가장 중요한 부분이라 할 수 있다. 목표치 설정을 잘못하면 두 가지 측면에서 문제를 야기시킨다. 하나는 전사 차원에서 비전이나 전략목표를 달성하기 위한 관리체계가 느슨해지거나 효용성이 떨어질 가능성이 높다. 다시 말하면 최종 목표치를 달성하기 위한 전략적이고 단계적인 목표설정보다는 단편적이고 단기적인 목표설정에 집중할 경우 비전이나 전략목표 달성은 요원할 수 있기 때문이다. 이는 대부분의 조직에서 현재 사용하고 있는 목표설정 방식을 조금만 분석해 봐도 그 불합리성을 어렵지 않게 파악할 수 있다. 다른 하나는 부서나 개인을 평가할 때 설정한 목표 수준에 따라 달성률의 편차가 발생한다는 점이다. 동일한 수준의 결과가 목표치 수준에 따라 다른 달성률을 나타냄으로써 평가의 왜곡을 가져올 수 있기 때문이다. 목표치를 성공적으로 관리하기 위해서는 과제나 지표의 특성을 감안한 목표치 설정 방법을 사전에 정할 필요가 있다. 목표치 관리의 핵심은 두 가지로 요약할 수 있다. 하나는 목표치의 유형이고 다른 하나는 목표치의 수준이다. 목표치의 유형은 지표와 밀접한 관련이 있다. 과거 추세형으로 할 것인지 목적 성취형으로 할 것인지에 관한 의사결정이다. 목표치 수준은 과제의 최종적인 목표 대비 어느 정도로 당해 연도 목표치를 설정할 것인가에 관한 문제이다. 목표치 수준 역시 원칙과 기준을 정하지 않으면 그때 그때의 상황 변화에 따라 목표치를 달성하기 쉬운 방향으로 변경하는 경우가 많다. 그 결과 상위목표의 달성이 요원해지고 결국 조직의 경쟁력과 관련이 없는 성과관리로 전락하게 된다. 조직마다 흔하게 볼 수 있는 현상은 전년을 기준으로 목표 수준을 설정하는 사례이다. 이 부분은 사실 개선의 여지가 많다. 목표란 어떤 역할을 해야 하는가를 곰곰이 생각해 봐야 할 일이다. 합리적인 목표설정은 장기적으로는 조직과 개인의 경쟁력을 높이고 단기적으로는 당해 연도 조직을 포함한 구성원 각자가 달성해야 할 기준점을 설정하는 것이다. 현재 설정된 목표치는 이 두 가지 조건을 모두 충족시키고 있는가?

나) 목표치 설정방법

성과지표가 확정되면 목표치 유형과 더불어 목표치를 어느 정도 수준으로 할 것인지에 대해 의사결정을 해야 한다. 목표치 유형은 먼저 목적 성취형을 우선으로 하고 선진 수준과 과거 추세를 참고하는 것이 좋다. 목적 성취형은 전략목표가 구현하고자 하는 최종 목표 수준을 상정하고 이를 과제에 따라 연차별로 분해하여 단기 목표를 설정하는 방식이다. 비전 달성을 위한 중장기 전략을 기반으로 목표 수준을 설정하는 경우가 여기에 속한다고 볼 수 있으며 그 외에 선진 수준을 벤치마킹하여 목표 수준으로 설정하는 방법도 있다. 이와 같은 방법이 조직의 현실에 바로 접목하기 어려울 수는 있지만 조직의 경쟁력 제고라는 성과관리의 본래 목적에 잘 부합하는 방식이다.

〈표 6-10〉 목표 수준의 설정 예시

목적 성취형이나 선진 수준을 기준으로 목표치를 설정하는 것이 어려운 경우 과거 추세형을 사용할 수 있다. 이는 최근 혹은 3년 평균의 성과를 기초로 일정 %를 상향하여 목표치를 설정하는 방식이다. 추세형은 비교적 적용이 쉬운 방식이기는 하나 자칫 조직의 경쟁력 향상보다는 당해 연도 달성률을 의식하여 활용하는 경우가 많으므로 주의를 요한다. 이는 전년 대비 크게 향상된 목표치를 설정하더라도 그것이 상위목표나 전략목표에 기여도가 낮다면 크게 의미 부여를 할 수 없기 때문이다.

쉬어가기 **경쟁력 있는 목표설정 이야기**

목표를 도전적으로 설정하는 것은 매우 바람직한 현상이라고 볼 수 있다. 하지만 이를 달성해야 하는 당사자 입장에서는 쉽지 않은 결정일 수 있다. 목표치에 비례하여 고도의 노력이 수반되기 때문이다. 반면, 높은 목표에 도전해 그것을 성취했을 때 회사는 물론 개인의 보람은 상대적으로 배가된다. S사의 사례를 보자. 이 회사 역시 과거 실적을 기준으로 경쟁사의 상황을 고려하여 다음 연도의 목표를 설정하는 것이 관례였다. 물론 설정한 목표는 거의 매년 100% 이상 달성한 편이었다. 따라서 회사가 나름대로 성장을 지속하고 있다는 사실에 대해 어떤 의심의 여지가 없었다. 그러던 중 어느 날 회사의 글로벌 경쟁력에 대한 문제가 대두되었다. 매년 목표를 달성했음에도 글로벌 시장에서 경쟁력이 계속 떨어지고 있다는 징후가 보이기 시작한 것이다. 최고 경영층으로부터 지시가 하달되고 전략기획실에서는 원인을 분석하기 시작했다. 최종 결론은 그동안 전사적인 목표 수준이 도전적이지 못했다는 사실이었다. 위기의식과 긴장감이 도는 임원 회의가 연속되고 혁신만이 살길이라는 공감대가 형성되었다. 결국, 글로벌 경쟁사들의 수준을 심층적으로 분석하고 이를 기반으로 회사의 목표를 재설정하는 과감한 조치를 취했다. 물론 1차적으로는 생존을 위해서 그리고 2차적으로는 글로벌 경쟁력 확보를 통해 선도그룹에 진입을 위한 것이었다. 기술 분야의 경우 목표를 설정하는 예를 들어보자.

〈표 6-11〉 기술 시간 격차 비교 예시

제품명	기종	성과지표: 기술 시간 격차		
		글로벌 Best Practice	우리회사와 격차 연수	기술관리 유형
OOO	AA-1	일본 M사	2년	주요 신기술
	AA-2	미국 I사	3년	차세대 핵심기술
	BB-1	독일 G사	1년	연계기술
	CC-1	일본S사	0.5년	연계기술

글로벌 수준의 경쟁력 분석은 회사에 의미 있는 시사점을 던졌다. 특히, AA-1과 AA-2 기종은 회사의 생존과 관련되는 핵심기술로 전략적으로 접근해야 하는 기술이다. 따라서 도전적이고 전략적인 목표를 설정해야 했다. 핵심적인 2개 기종은 향후 4년 이내에 세계 제1의 기술경쟁력을 확보하는 것이었다. 그에 따라 전사적으로 당해 연도에 달성해야 할 목표 수준은 더욱 명확해졌다. 앞으로 3년간 기술격차를 매년 1/2로 줄이는 전략을 수립했다. 예를 들면, AA-1 기종의 경우 1차 연도 목표는 1년 이내 격차, 2차 연도 목표치는 0.5년 이내 격차로 설정했다. 성과에 대한 피드백은 3개월마다 철저하게 이루어졌으며 생존 차원에서 도달해야 할 목표였기 때문에 필사적으로 추진했다. 그 결과는 매우 성공적이었으며 계획한 대로 4년만에 2개 기종에서 세계 1위의 기술 경쟁력을 확보하게 되었다. 도전적인 목표설정의 중요성을 다시 한번 음미할 수 있는 사례라 할 수 있다.

제 Ⅶ 장
성과평가 및 결과의 활용

1. 성과평가 유형과 평가방법
2. 성과평가의 단계 및 절차
3. 성과평가 기준 설정 시 고려사항
4. 성과평가 결과의 활용
5. 성과평가에 대한 수용성 확보 방안

1

성과평가 유형과 평가방법

성과평가는 보는 관점에 따라 여러 가지 유형으로 분류할 수 있다. 평가의 포인트를 어디에 두는가에 따라 다양하게 구분할 수 있기 때문이다. 평가의 유형은 수치의 사용 정도를 중심으로 분류하기도 하고 평가의 대상이나 평가 시점을 기준으로 나누기도 한다. 계량·비계량 평가, 전사·부서·개인 평가, 사전·중간·결과평가가 그와 같은 분류 방식의 산물이다.

1) 계량과 비계량에 의한 성과평가

가) 계량 성과평가와 비계량 성과평가의 특징

계량평가와 비계량평가는 종종 정량평가와 정성평가로 불려지기도 한다. 계량평가는 주로 수치를 기반으로 정량적으로 평가가 이뤄지며 평가 산식이 정해져 있어 평가자가 바뀌더라도 그 결과가 동일하다. 따라서 계량평가는 객관성을 담보할 수 있는 장점을 가지고 있다. 반면, 비계량평가는 수치가 아닌 정성적 항목으로 평가를 수행하므로 평가자의 재량권이 크다고 할 수 있다. 평가자의 주관이 상대적으로 많이 반영되는 까닭에 평가자에 따라 편차의 발생 가능성이 높은 단점이 있다. 따라서 비계량 평가의 경우에는 이와 같은 문제점을 최소화하기 위한 보조적인 도구가 필요하다. 평가를 위한 가이드라인이나 착안 사항을 제공하여 참고하도록 하는 것 등이 그 예가 된다.

나) 계량과 비계량 성과평가의 방법

(1) 양적요소에 의한 계량 성과평가

계량평가는 수치를 중심으로 이뤄지며 성과평가에서는 목표 달성도 평가가 대표적이다. 달성도 평가는 과제 수행 결과에 대해 계획을 수립할 당시의 목표값 대비 달성한 성과 정도를 평가하는 방식이다. 즉, 해당 기간 내 획득한 성과의 수치값/목표값*100의 형태로 그 표시는 달성률: __%라는 형식을 사용한다. 달성률에 기초한 평가방식은 달성률 구간을 정해 등급(예를 들면 S, A, B, C, D)으로 평가하기도 하고 기준 점수(예를 들면 100점, 90점, 80점, 70점, 60점)로 평가하기도 한다.

〈표 7-1〉 계량 성과평가: 달성도 평가 예시

과제	성과지표	목표값	성과값	달성률
성장력 향상	매출 증가율	20%	22%	110%
수익성 확보	이익 금액	100억	90억	90%
제도 내실화	직원 수용도	70점	84점	120%
혁신 수준 제고	제안 역량 지수	60	60	100%
교육 기회 확대	교육 이수자 비율(누계)	80%	84%	105%

예시의 경우 평가기준이 아래와 같이 설정되었다고 가정하면 성장력 향상은 S: 100점, 수익성 확보 B: 80점, 제도 내실화 S: 100점, 혁신 수준

제고 A: 90점, 교육기회 확대 A: 90점이다. 과제별 가중치가 동일하다면 평균 92점을 획득하게 된다.

〈표 7-2〉 계량 성과평가: 평가기준 예시

구분	S	A	B	C	D
달성률 범위	110% 이상	95%~109%	80%~94%	65%~79%	65% 미만
평점	100점	90점	80점	70점	60점

(2) 질적 요소에 의한 비계량 성과평가

① 비계량평가 항목의 설정

비계량평가는 계량평가에 비해 상대적으로 절차가 복잡한 편이다. 우선 합리적인 평가를 위한 기준 혹은 항목을 설정해야 한다. 즉, 과제나 지표의 성과를 어떤 관점에서 평가하는 것이 적합한 것인지 선택하는 일이다. 비계량평가 항목은 다양한 관점에서 설정할 수 있으며 예를 들면, 결과의 완성도, 산출물의 적정성 등 성과에 대한 질적인 부분을 평가하는 것들이라 할 수 있다. 비계량평가 항목을 몇 개로 할 것인가에 대해 정답은 없다. 일반적으로 3~5개 정도 사용하며 상황에 따라 항목별 가중치를 적용하기도 한다.

② 비계량평가 항목의 세분화

비계량평가 항목은 대부분 추상적인 표현으로 이루어져 그 정의가 애매모호하고 개인마다 해석에 차이가 있을 수 있다. 이와 같은 해석의 차이는 평가의 정확성을 방해하므로 이를 최소화시키는 노력이 필요하다. 객관적이고 공정한 평가를 위해서는 평가 항목에 대한 명확한 정의가 선행되어야 한다. 그와 같은 기반 위에서 평가 항목은 보다 구체화되고 세분화될수록 좋다.

다음의 몇 가지 예를 들어 평가 항목을 정의하고 이를 세분화하는 방법을 알아보자.

〈표 7-3〉 평가 항목의 세분화 예시

평가항목	정의	세부 평가항목
과제의 완성도	결과물이 당초 목적으로 했던 품질수준을 구현하고 있는 정도	제시한 해결 방안의 우수성
		대안의 적합성과 실현가능성
		컨텐츠의 활용 가능성 및 수준
계획의 충실성	입체적 분석에 기반한 합리적 목표와 추진 계획의 치밀성 정도	관련 요소들의 체계적 분석 수준
		대표성 있는 성과지표 설정
		목표치의 도전성
		투입자원배분의 적합성
해결의 난이도	과제를 해결하는데 수반되는 어려움의 정도	외부 여건의 불확실성 정도
		상존하는 이해관계자의 저항 수준
		관련 조직들과의 협업 필요성 정도

③ 비계량 세부 항목의 평가

평가항목이 설정되면 세부 항목을 기준으로 정해진 룰에 따라 평가를 실시한다. 평가의 방식은 결과의 활용 목적에 따라 다양하게 설계할 수 있다. 예를 들면, 매우 우수에서부터 매우 미흡까지 구간과 단계를 구분하여 점수화하거나, 항목별 세부평가 기준을 만들어 점수를 부여하는 방식을 사용하기도 한다.

〈표 7-4〉 비계량 항목의 평가 예시

평가항목	세부 평가항목	등급별 평가점수				
		매우 우수	우수	보통	미흡	매우 미흡
과제의 완성도	제시한 해결 방안의 우수성	100	90	80	70	60
	대안의 적합성과 실현가능성	100	90	80	70	60
	컨텐츠의 활용 가능성 및 수준	100	90	80	70	60
계획의 충실성	SWOT 등 관련 요소들의 체계적 분석	100	90	80	70	60
	대표성 있는 성과지표 설정	100	90	80	70	60
	목표치의 도전성	100	90	80	70	60
	투입자원배분의 적합성	100	90	80	70	60
해결의 난이도	외부 여건의 불확실성 정도	100	90	80	70	60
	상존하는 이해관계자의 저항 수준	100	90	80	70	60
	관련 조직들과의 협업 필요성 정도	100	90	80	70	60

④ 비계량 평가에서 유의점

비계량평가를 성공적으로 수행하기 위해서는 우선 평가자들이 평가와 관련된 원칙이나 세부 기준에 대해 정확하게 이해하고 공감대를 형성하는 일이다. 다음으로 평가대상이 되는 과제의 성격과 추진 상황 그리고 결과물의 수준 등에 관한 전반적인 내용을 파악해야 한다. 그렇지 않고는 과제의 질적 부분에 대한 정확한 평가를 담보할 수 없기 때문이다. 필요한 경우 대상 과제의 추진 계획과 전개 과정 그리고 산출물과 성과에 대해 피평가자로부터 설명을 듣고 질의를 통해 이해력을 높인 상태에서 평가하는 것도 좋은 방법 중 하나이다. 특히, 외부 평가 전문가를 활용할 경우 그들이 평가대상이 되는 과제나 지표를 충분히 이해할 수 있는 충분한 조치가 필요하다. 내부 평가자를 통한 비계량 평가의 경우에도 외부 전문가의 경우보다는 절차가 다소 간소화될 수는 있지만 평가의 전문성 문제라든가 객관성의 확보 측면에서 고려해야 할 사항들이 존재한다. 어떤 방식을 적용하든 성과관리 담당부서에서는 평가자가 공정하고 객관적인 평가를 할 수 있도록 완벽한 준비에 힘을 쏟아야 한다. 평가에 따른 리스크를 최소화하기 위한 가장 효과적인 방법은 이미 설계된 평가방법을 실제 자료나 데이터에 근거하여 사전에 직접 시뮬레이션 해보는 것이다. 이 방법은 잠재적인 다양한 문제점들을 여러가지 관점에서 사전에 보완할 수 있게 해준다.

2) 부서평가와 개인평가

가) 부서평가

(1) 부서평가의 요체

최근 전략 중심의 조직(Strategic Focused Organization: SFO)을 강조하는 회사일수록 부서 단위 평가가 강하다. 특히, 전략 기반의 통합적 성과관리나 균형 성과관리를 채택한 조직의 경우가 더욱 그렇다. 이는 전략과제를 중심으로 성과관리체계를 구축한 결과이기도 하지만 전략과제의 특성상 부서 단위가 개인보다 더 적합하기 때문이다. 그렇다면 부서평가와 개인평가는 어떤 차이가 있는가? 이 둘은 서로 평가대상만 다른가? 부서평가는 개인평가의 단순한 합에 불과한가? 그렇지는 않다. 우선, 부서평가는 전사 전략목표와 연계한 전략과제를 중심으로 평가한다. 그러므로 전략과제의 하부 구성요소를 이루는 실행과제나 일상의 주요업무를 다루는 개인평가와 다르다. 또한 부서평가는 주어진 본래의 기능과 역할에 비추어 업적과 성과를 도출하고 이를 평가하기 때문에 개인들의 업적을 중시하는 개인평가와는 차이가 있다. 결과적으로 큰 틀에서 보면 부서평가는 결과를 중시하는 반면 개인평가는 과정과 산출에 초점을 맞추는 형태라고 할 수 있다. 이 책에서 다루고 있는 상당 부분의 내용도 과정보다는 결과인 성과관리 관점에서 기술되어 있는 점을 고려하면 개인보다는 조직관리 차원의 평가에 활용도가 높다고 할 수 있다.

(2) 부서평가를 위한 사전·중간평가

일반적으로 성과관리 시스템을 구축하여 운영하고 있는 조직은 전략과제와 성과지표 그리고 목표값을 어떻게 체계적으로 설정할 것인가에 초점을 맞추고 있다. 그러나 대부분 그 시스템을 운영하는 질적 수준은 높지 못한 편이다. 예를 들면, 아직도 상위 전략목표에 대한 기여도를 중심으로 전략과제를 분석하고 도출하는 데 있어 완성도가 낮다. 또한 성과지표의 대표성과 목표값의 합리적 수준 등 성과관리의 중요한 질적 부분에 대해서도 소홀히 다루는 경우가 많다. 이처럼 중요한 요소를 체계적으로 관리하는 경우와 그렇지 않은 경우는 성과관리 시스템의 품질수준에서 많은 차이를 보인다. 상대적으로 쉬운 전략과제와 성과지표 그리고 소극적인 목표값을 설정하여 연말에 높은 달성률을 확보하는 것이 무슨 의미가 있는가? 겉으로는 그 성과가 조직에 많은 기여를 한 것처럼 보이지만 실제 내용적으로는 적지 않은 결함을 지니고 있는 것이 사실이기 때문이다. 오히려 그것보다는 전사적으로 가치가 있는 전략과제와 대표성 있는 성과지표 그리고 도전적인 목표값을 설정하여 의미 있는 성과를 창출한 부서가 평가를 잘 받도록 하는 것이 성과관리의 본래의 취지에 부합한다. 성과관리에서 사전평가와 중간평가는 그와 같은 목적을 구현하기 위해 실시한다고 해도 과언이 아니다.

① 사전평가: 사전평가의 목적은 부서로 하여금 성과관리계획을 수립할 당시보다 부가가치 지향적으로 관련 내용을 설계하도록 유도하는 데 있다. 즉, 전사적 차원에서 기여도가 높은 전략과제와 지표 그리고

도전적인 목표값을 설정하도록 동기를 부여하기 위한 것이다. 평가 방법은 전략과제의 상위목표 기여도, 성과지표의 대표성, 목표값의 도전성 수준을 상대평가하여 부서별로 점수화한다. 사전평가는 성과관리 시스템의 본질적인 목적을 구현하고 성과관리 시스템의 품질 저하를 방지하는 데 효과가 매우 크다.

〈표 7-5〉 사전평가항목 예시

구분	설명	비중	평가방식
전략과제 상위 목표기여도	전략과제가 비전이나 전략목표에 영향을 미치는 정도	35%	전략과제별 상대평가 후 부서별 집계
성과지표의 대표성	전략과제의 목적달성 정도를 측정할 수 있는 지표 기준으로서 적합성 정도	35%	
목표값의 도전성	전략과제의 현실을 고려한 목표값 설정수준의 Risk Taking 정도	30%	

② 중간평가: 중간평가는 단어가 의미하는 대로 계획을 추진하는 과정의 중간 시점에서 평가하는 활동을 말한다. 이는 이미 설정된 성과목표가 정상적으로 추진되고 있는지 과정을 점검하고 그 결과를 피드백하는 역할이 중심이라고 할 수 있다. 따라서, 중간 점검 결과 추진이 부진한 과제에 대해서는 그 원인을 파악하여 대책을 마련해야 한다. 중간평가의 결과를 평가점수에 활용하고자 한 경우에는 그 비중을 사전에 결정해야 하는데 이는 관리의 목적에 따라 비중이 달라질 수 있기 때문이다. 전체 평가점수를 100점으로 기준할 때 사전평가 30점, 중간평가 점수 10점을 부여하면 연말에 결과평가인 달성도 평가점수는 60점이 된다

(3) 부서평가를 위한 결과평가(달성도 평가)

사전평가 방식을 도입하지 않은 경우에는 일반적으로 달성도 중심의

결과평가만을 실시한다. 평가방법은 과제나 지표별로 당초 목표값 대비 최종 달성률에 대해 절대평가를 실시한다. 이때 단순한 달성도만의 평가에 따른 오류를 범하지 않기 위해 성격평가라는 절차를 거치거나 별도의 정성적 평가를 병행하기도 한다. 이는 계획을 소극적으로 수립한 경우가 오히려 높은 달성도로 인해 좋은 평가를 획득할 수 있는 가능성을 배제하고자 함이다. 예를 들면, 계획의 충실성이나 과정의 노력도, 도전적인 목표설정 등의 요소들을 평가하여 반영하는 형태라고 할 수 있다. 그러나 이 경우는 결과 평가에만 일시적으로 활용되므로 피드백의 효과가 약하다. 반면, 연초에 실시하는 사전평가의 경우 그 형태는 유사하지만 피드백의 효과가 상대적으로 강하다. 즉, 과제와 지표의 개선 그리고 목표의 보완 등 계획의 충실성 강화라는 매우 긍정적인 효과를 창출할 수 있다는 점이 다르다. 결과평가인 달성도 평가는 주로 회계연도가 완료되는 연말이나 다음 해 연초에 실시한다.

(4) 부서의 종합평가

부서의 평가는 프로세스 측면에서 보면 사전평가, 중간평가, 결과평가의 단계로 구별할 수 있다. 각 단계별 평가에서 얻은 점수의 합이 부서 종합평가 점수가 된다. 앞에서 정한 목표 점수 비중에 대해 획득한 점수가 아래와 같다면 이를 기준으로 부서 종합평가 점수를 산출할 수 있다.

① 사전평가 점수: 25점/30점
② 중간평가 점수: 10점/10점
③ 결과평가 점수: 55점/60점

종합평가 점수: 90점/100점

사전평가 점수 25점은 성과관리 계획단계에서 과제와 지표 그리고 목표값의 적합성을 통해 확보한 것이며 중간평가 점수 10점은 중간점검 평가 시에 얻은 점수다. 한편 연말에는 달성도 평가를 통해 55점을 획득함으로써 부서 평가는 총 90점이 된다.

나) 개인평가

(1) 개인평가의 요체

개인평가의 경우에도 그 목적을 분명하게 제시할 필요가 있다. 목적이 불분명하면 그것을 달성하기 위한 최적의 수단을 확보하는데 논리가 빈약할 뿐 아니라 구성원들의 공감대를 얻기 어려울 수 있기 때문이다. 특히, 개인평가의 경우 평가결과의 활용 측면이 중요하다. 통상 기업에서 업적평가라고 불리우는 성과평가의 결과는 성과급 등 물질적인 보상에도 활용되지만 구성원의 역량 개발 등 비물질적 보상에도 적극적으로 활용되어야 한다. 이 부분은 인적자원개발 부분에서 재차 언급하기로 한다. 개인별 성과평가를 위해서는 이를 체계적으로 수행할 수 있는 기반을 구축하는 것이 중요하다. 즉, 구성원 개인별로 성과관리를 할 수 있도록 개인 단위의 과제와 핵심업무를 선정하고 지표를 포함한 적정수준의 목표치를 설정해야 한다. 또한, 전사적 차원에서 기본적으로 수행해야 하는 공통업무와 각자에게 부여된 고유업무에 대한 성과관리방식도 보다 고도화할 필요가 있다.

(2) 전략과제의 실행과제화

통상적으로 부서 단위의 전략과제는 다단계의 절차를 거쳐 해결되기도 하지만 복수의 타부서 혹은 다른 업무들의 연계를 통해 성과를 창출하는 경우도 많다. 전략과제는 비교적 크고 범위가 넓어 성과를 도출하는데 상당한 시간을 요하기도 한다. 따라서 부서 차원에서는 전략과제를 효율적으로 관리하기 위해 이를 세부과제로 나누거나 업무 단위 수준으로 세분화하기도 한다. 여기에서 우리는 이를 실행과제(이행과제)라고 부르기로 한다. 결과적으로 전략과제를 실행과제화하는 이유는 전략과제의 추진과정이나 내용을 보다 충실하게 관리하기 위한 것이다. 실행과제를 통해 나타나는 실적의 품질은 결국 전략과제 성과와 직결된다고 볼 수 있다. 전략과제는 몇 개의 실행과제로 분해되므로 수행하는 주체가 1명인 경우도 있지만 다수인 경우도 있다. 실행과제가 확정되면 각각의 구성원별로 실행과제와 그에 따른 역할을 명확하게 해야 하는데 이는 개인평가를 위한 첫 번째 과업에 해당한다.

(3) 개인별 고유업무의 과제화

모든 조직은 최종적으로 개인단위까지 고유업무를 지정하여 관리의 효율을 도모할 필요가 있다. 이를 위해서는 개인별로 정해진 업무 분장에 따라 필요한 역할을 부여하고 그에 상응한 권한과 책임을 분명하게 해야 한다. 개인에게 주어진 고유업무는 그 성격에 따라 개수에는 상당한 차이가 발생한다. 그 중 핵심업무를 보다 체계적으로 관리하는 것은 회사나 개인 입장에서 매우 중요하다. 더군다나 개인차원에서 핵심업무의 성과를 관리하려면 관련 시스템에서 요구하는 형태 즉, 과제로 전환하는 것이 필요하다. 이는 개인별 핵심업무가 이미 언급한 바 있는 전략과제로부터 세분화된 실행과제와 동일한 레벨로 성과관리 시스템에서 운영되어야 하기 때문이다. 결론적으로 핵심업무의 과제화(업무과제)는 조직의 전 구성원이 하나의 통합된 성과관리 시스템 내에서 자율적으로 업무를 수행하도록 지원하고자 함이다.

(4) 과제의 개인별 분담 및 실행

개인평가의 대상이 되는 과제는 전략과제로부터 도출된 실행과제와 개인별 핵심업무로부터 설계된 업무과제 그리고 전사 차원의 공통과제 세 가지로 구성된다. 이 과제들에 대해 성과를 체계적으로 관리하기 위해서는 과제 간의 중요도에 따른 가중치와 과제별 지표, 목표치 설정도 병행할 필요가 있다. 개별 과제들은 월별 계획 등 상세한 실행계획으로 전환되어 구체적인 활동으로 이어지도록 해야 한다. 이렇게 설정된 과제들이 차질없이 수행되어야 관련된 실적이 축적되고 축적된 실적의 결과로 부서의 성과가 창출되기 때문이다. 따라서 회사는 구성원들로 하여금 성과관리 시스템 내에서 과제별 실행계획을 체계적이고 자율적으로 점검하고 관리하도록 습관화할 필요가 있다.

(5) 과제의 평가

실행과제는 결과 못지않게 과정관리도 중요하다. 실행과제의 체계적인 과정관리가 궁극적으로 전략과제와 전략목표의 성과로 직결되기 때문이다. 개인평가는 각자에게 분담된 실행과제를 포함한 고유과제에 대한 평가와 직원 모두에게 일률적으로 적용된 공통업무로서 공통과제에 대한 평가로 이루어진다. 개인평가 역시 정량적 평가와 정성적 평가를 병행해야 한다. 평가방법은 부서평가와 다를 것이 없으며 다만 내용 면에서 차이가 있을 뿐이다. 여기에서 주의할 점은 개인평가가 구성원의 능력이나 역량을 평가하는 것이 아니라 주어진 기간 동안 창출한 업무실적이나 성과에 대한 평가임을 유의해야 한다.

〈표 7-6〉 개인평가 예시

과제	비중	목표	일정	주요성과/산출물	평가 양적평가 (60)	평가 질적평가 (40)	점수	비고
고객 만족도 조사실시	15	결과보고 (300명 이상 설문)	11월	- 330명 대상 설문조사 및 결과보고(11/25) - 주요 시사점 발굴 및 대안 마련	110% (100점)	A (90점)	14.4	
부서별 성과 지표 점검	15	부진지표 10% 미만	2월	- C급 이하 비율(9%) - 평가단의 체계적 운영 (이의신청 1%미만)	111% (100점)	A (90점)	14.4	
역량평가 제도개선	20	사례개발 3건	5월	- 사례개발 3건 완료 - 고객개선제안사항 반영 완료 - 역량평가 제도 개선	100% (90점)	S (100점)	18.8	
성과관리 시스템 수용도 제고	20	75점	9월	- 수용도 67점에서 76점으로 향상 - 설명회 계층별 6회/ 부서별 2회	113% (100점)	S (100점)	20.0	
제안 심사·평가 결과보고	10	결과보고 (S급 4건이상)	6월	- 제안건수 전년 대비 증가(5%) - S급 제안 3건으로 다소부진 - 제안 결과보고(200건)	75% (80점)	B (80점)	8.0	
…	…	…	…	…	…	…	…	

다) 부서평가와 개인평가의 연계

대부분 성과관리 시스템은 전략과제 중심이거나 핵심적인 고유업무를 대상으로 운영하고 있다. 이상적으로는 하나의 성과관리 시스템 안에서 전략과제와 고유업무가 통합적으로 관리, 운영되는 것이 효율적이고 효과적이다. 이는 전략과제와 고유업무가 상호 연계성이 높을 뿐만 아니라 부서의 기능이 개인별 업무를 떠나서는 존립할 수 없기 때문이다. 동일한 시스템 안에서 전략과제와 실행과제 그리고 핵심업무가 연계되어 관리되면 부서평가와 개인평가가 동시에 가능하다. 즉, 부서평가는 전략과제를 중심으로 하고 개인

평가는 전략과제에서 세분화된 실행과제와 개인별 핵심업무를 그 대상으로 하게 된다. 그렇게 함으로써 결국 하나의 성과관리 시스템 내에서 결과관리와 과정관리가 병행적으로 이루어질 수 있다. 아래의 그림은 성과관리 시스템이 부서평가와 개인평가의 영역을 포함하고 있으며 개인평가 대상은 실행과제(이행과제)와 핵심업무로 구성되고 이는 다시 고유과제와 공통과제로 분류될 수 있음을 보여주고 있다.

〈그림 7-1〉 부서평가와 개인평가의 연계구조

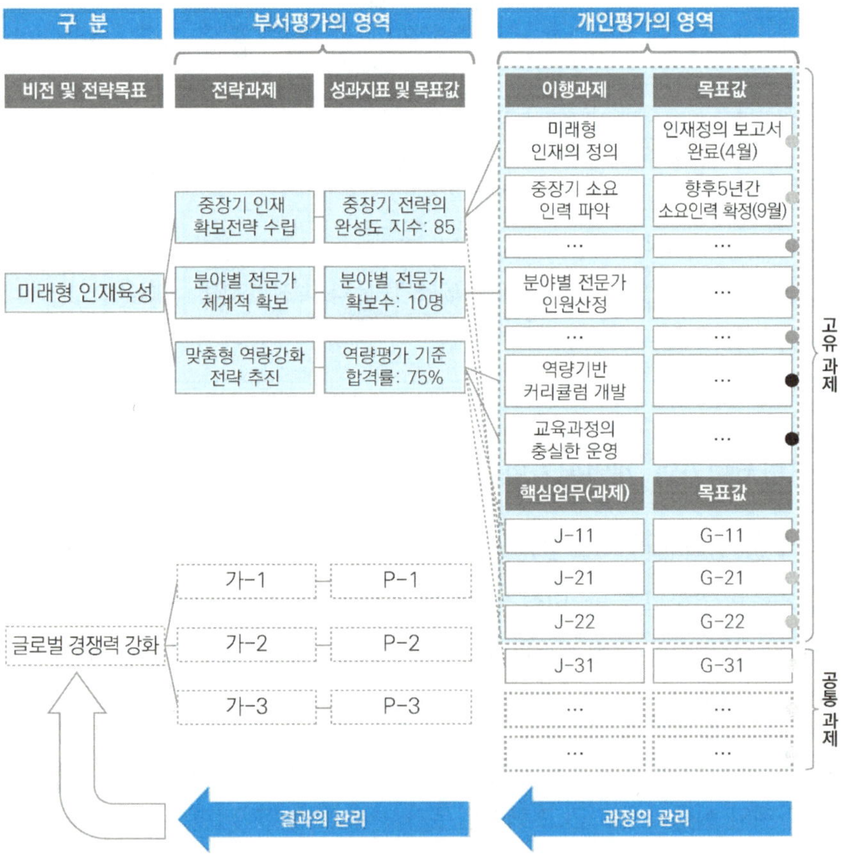

2

성과평가의 단계 및 절차

성과를 평가하기 위해서는 사전에 정해진 프로세스와 룰이 필요하다. 이는 평가자, 평가대상, 평가기간, 평가항목 및 내용, 평가방법, 평가점수, 가감점 항목 등 세부적인 사항에 대한 명확한 기준설정을 의미한다. 대부분 조직에서는 전년도 말이나 당해 연초에 평가의 세부적인 기준이나 방법에 대해 전 임직원들을 상대로 설명회를 갖는 것이 보통이다. 사전 공감대 형성이 미흡할 경우 평가에 따른 저항은 물론 수용도 저하로 인해 추구하는 목적 달성이 어려울 수 있기 때문이다.

1) 성과평가자의 선정

모든 평가가 그렇듯이 성과평가 역시 누가 평가의 주체가 될 것인가에 대해 대부분의 구성원들은 관심을 가질 수밖에 없다. 평가단을 활용할 경우 외부위원으로 할 것인지 혹은 내부 위원으로 구성할 것인지 결정을 해야 한다. 두 가지 방법 중 어느 것이 더 적합한가는 조직이 처한 입장에 따라 다르며 모두 장점과 단점을 동시에 가지고 있다. 외부위원 중심으로 하면 객관성을 담보할 수는 있으나 업무의 이해도나 세부 사항들을 파악하기 힘들다는 단점이 있다. 이 방식을 사용할 경우에는 실무자의 인터뷰나 그룹미팅을 보조적으로 활용하는 것이 좋다. 내부 위원 중심일 경우 과제나 사업에 대해서는 상대적으로 잘 파악할 수 있으나 객관적 평가와 공정성이라는 부분에서 영향을 받을 수 있다. 따라서 내부 평가단을 운영할 경우에는 객관성을 확보하는데 초점을 두어야 한다. 이를 위해 평가단을 몇 개의 그룹으로 구성하고 그룹별 토의를 통해 교차평가를 실시하는 것도 하나의 방법이다. 교차평가에 대해 간략하게 설명하면 특정 평가대상에 대해 그룹별 1차 평가를 실시한다. 2차 평가는 타 그룹에 의한 교차평가를 한 다음 점수의 편차가 큰 과제에 대해서는 그 원인을 분석하고 분석결과를 기반으로 1차, 2차 평가그룹으로 하여금 조정을 하게 한다. 동일과제에 대해 토의를 기반으로 하는 교차평가 과정은 최종적인 합의에 의한 결정을 돕도록 하여 객관성을 강화할 수 있다.

2) 성과평가 대상 및 기간

가) 성과평가 대상

성과관리에서 평가의 직접적인 대상은 사업 기간 내에 수행한 과제나 업무의 결과로서 나타난 성과라 할 수 있다. 구체적으로는 전략목표에서부터 부서별 전략과제 그리고 개인별 실행과제와 핵심업무 전체가 이에 해당된다. 그러나 대부분 조직의 경우 성과를 평가할 때 1년 동안 추진한 업무 관련 성과와 그 외에 관련된 다른 사항들을 포함한다. 예를 들면, 우수 제안을 비롯하여 대·내외 프로젝트, 동아리 활동, 연계 협력사업, 우수 공로자 등을 평가하고 외부의 수상 사항도 결산을 하는 형식을 띤다.

나) 성과평가 기간

평가기간은 보통 1년을 기준으로 하며 그 기간 내에 수행했던 전사적인 과제 또는 사업들의 성과를 평가한다. 그러나 반드시 1년을 기준으로 평가해야 한다는 절대적인 원칙이 있는 것은 아니다. 통상 회계연도가 1년 단위이므로 이에 평가를 맞추는 것이 여러 가지 운영면에서 편리하기 때문이다. 1년 단위의 평가는 종합과 결산의 의미가 강하다. 그러나 물리적으로 기간을 설정하여 평가를 하는 까닭에 문제점들도 함께 발생한다. 그 첫 번째가 단기적인 성과를 중시하는 경향이 강해진다는 점이다. 수년의 시간을 거쳐야만 진정한 성과를 측정할 수 있는 과제들이 얼마든지 있다. 그래서 연 단위로는 중간의 과정이나 단순한 산출물을 성과로 제시할 수밖에 없는 한계가 존재한다. 평가의 질적인 측면을 강화하려면 과제나 사업의 완료 혹은 그 이후 일정 기간을 고려하여 성과를 평가할 수 있는 방법을 설계해야 한다. 이는 과제나 사업별 특성을 고려한 방법으로 어떤 의미에서는 성과관리의 본질에 더 적합한 방법이라 할 수 있다. 이상적이기는 하지만 1년 단위의 단기적인 평가와 과제별 기간을 고려한 실질적이고 질적인 성과평가를 병행하는 방법도 생각할 필요가 있다.

3) 성과평가 횟수

평가의 횟수는 회계연도 내에서 평가를 몇 번 할 것인가에 관한 사항이다. 종합평가 형태로 1회로 할 것인지 전체 과정을 몇 차례 나눠서 평가를 할 것인지 조직에서 결정해야 한다. 이는 평가의 목적과 평가 대상인 과제의 특성에 따라 평가의 초점과 빈도가 다를 수 있기 때문이다. 성과평가의 빈도를 결정하기 위해서는 누가, 무엇을, 어떻게 평가하고 무엇을 피드백해야 하는지 관련된 요소들을 전반적으로 검토해야 한다. 보통 1년에 상·하반기 2회 정도의 평가는 일반적으로 하는 최소기준으로 판단된다. 그러나 조직의 여건과 평가의 목적에 따라 중간에 과정을 평가할 수도 있기 때문에 표준으로 정해진 룰과 원칙은 없다.

4) 성과평가 항목 및 내용

평가 항목과 내용이란 대상과제나 사업을 평가해야 하는 세부적인 기준이라 할 수 있다. 즉, 대상과제의 총체적인 완성도를 무엇으로 평가하는 것이 가장 합리적인가에 대한 답이라 해도 과언이 아니다. 성과지표도 당연히 여기에 포함된다. 평가 항목의 설계는 보통 두 가지로 이루어진다. 하나는 프로세스 중심으로 설계하는 방식이고 다른 하나는 컨텐츠 중심으로 설계하는 방식이다. 예를 들면, 대상과제에 대한 계획의 완벽성, 추진 과정의 충실성, 산출물의 적정성, 결과의 만족도 등 추진단계별로 평가 항목을 선정한 경우가 전자에 해당된다. 대상과제 산출물의 품질수준, 전략적 기여도, 추진의 시의 적절성, 성과의 확산 및 파급성 등 평가의 목적에 맞게 포인트를 찾아 평가 항목으로 설계한다면 후자의 경우에 해당된다. 평가 내용은 평가를 용이하게 하기 위하여 항목을 세분화하거나 구체화하는 경우라 할 수 있다. 예를 들어, 과정의 충실성을 평가하기 위한 세부 내용으로는 계획된 일정의 준수 정도, 세부계획의 추진율, 추진 과정에서 리스크관리의 적정성, 중간 산출물의 수준 등으로 분해할 수 있다. 평가 내용은 세부평가 기준, 평가 착안 사항, 평가 체크리스트 등 다양한 방식으로 표현하기도 한다. 그러나 정해진 답은 없다. 어떤 형태와 방식이든 정확성과 객관성, 공정성을 기하기 위한 평가의 목적은 동일하기 때문이다. 평가 항목이나 내용은 중요도에 따라 적절하게 가중치를 부여하여 사용하기도 한다.

〈표 7-7〉 평가 항목 및 내용 예시

평가 항목	평가 내용	가중치
과업의 추진 노력도 (20%)	이해관계자 다양성 정도	3%
	외부환경의 불확실성 크기	5%
	법, 제도적 관련성의 과다	5%
	해결 단계 및 절차의 복잡성	5%
	투입비용과 소요시간의 크기	2%
추진과정의 충실성 (20%)	계획된 일정의 준수 정도	5%
	세부계획 내용의 추진상황	4%
	중간 산출물의 수준	4%
	···	···
성과 확산 및 파급성 (····)	···	···

5) 과제별 가중치 설정

평가대상이 되는 모든 과제들은 크기나 범위가 동일하지 않으며 상위목표에 대한 기여도나 중요도 역시 서로 다르다. 중요도가 서로 다른 과제가 모두 100% 성과를 달성했다면 그중 중요도가 가장 높은 과제가 전사 목표나 상위목표 기여도가 제일 크다고 할 수 있다. 이때 서로 기여도가 다른 과제에 대해 평가의 공정성을 기하기 위해 가중치라는 수단을 활용한다. 가중치는 평가가 본래의 목적에 보다 적합하게 사용되도록 하기 위하여 과제별 중요도 혹은 상위목표에 대한 기여도를 기초로 수치화한 비중을 말한다.

6) 평가 및 점수화

가) 점수 구간의 설정

과제별 평가점수의 적용 구간은 점수의 최고치와 최저치의 범위 문제와 관련된다. 즉, 과제별 평가점수의 최고치와 최저치를 어느 정도로 할 것인지에 대해 결정하는 것을 말한다. 예를 들면, 최고치와 최저치를 100점~0점으로 할 것인지, 아니면 최저치를 일정 점수로 설정할 것인지 선택하는 문제이다. 보통 계량지표의 경우 최고를 100점으로 하고 최저는 0점으로 하지만 정성지표의 경우는 일정 점수를 기준으로 최저 점수로 설정하기도 한다.

나) 구간별 점수 부여

구간별 점수화 방법은 몇 가지로 구분할 수 있다. 하나의 방법은 과제의 달성률에 가중치를 곱하여 점수화하는 단순한 방법이다. 또 다른 방법은 달성률의 범위를 정하여 그에 해당하는 고정된 수치를 점수로 설정하는 방법이 있다. 전자의 경우 달성률이 100%를 초과할 경우에 점수의 한계치가 필요하다. 왜냐하면 한계치를 정하지 않으면 특정과제의 우수한 달성률에 의해 전체 평균 점수가 큰 영향을 받기 때문이다. 또한 후자의 경우는 전체적인 점수 구간을 포함하여 최저 점수 구간을 어떻게 할지 고민해야 한다. 특히, 정성지표의 경우는 더욱 신중을 기해야 한다. 특정 부서의 점수는 해당 부서의 개별과제들이 가중치에 기반하여 획득한 점수를 모두 합하여 계산한다.

〈표 7-8〉 달성률과 평가점수 구간 예시

등급	S	A	B	C	D
점수 구간	100점	90점	80점	70점	60점
달성률	110% 이상	95% 이상	80% 이상	65% 이상	65% 미만
달성 수준	매우 우수	우수	보통	미흡	매우 미흡

3

성과평가 기준 설정 시 고려사항

평가방법을 상세하게 규정하는 평가지침을 설계할 때 어려운 부분 중 하나가 평가기준 및 가이드라인을 수립하는 일이다. 특히, 비계량적 요소를 평가하기 위한 기준 마련에는 더욱 어려움이 많다. 성과평가에서 핵심은 조직이나 개인 성과를 어떻게 합리적으로 평가할 것인가? 즉, 평가의 공정성과 객관성을 통한 수용성을 어떻게 확보할 것인가에 관한 것이다. 이때 간과해서는 안될 몇 가지 사항들을 제시하고자 한다.

1) 평가자 점수 간 편차 발생에 대한 예방

평가자 간 점수의 편차 문제는 평가시스템 전반은 물론 평가 자체의 신뢰도와도 직결된다. 바람직한 평가의 모습은 동일한 평가 대상과제나 동일 평가 항목에 대해 평가한 결과 점수들의 산포가 작아야 한다. 즉, 정확하게 평가를 했다는 전제에서 평가자 점수 간 서로 차이가 작을수록 좋다. 예를 들어, 동일과제나 항목에 대해 평가자 간 점수의 차이가 크다는 것은 평가자의 어느 일부가 평가의 오류를 범했을 가능성이 높음을 의미한다. 이와 같은 오류를 감소시키려면 우선 평가자가 평가대상과 내용에 대해 정확하게 이해할 필요가 있다. 이때 사무국에서는 평가 관련 기준을 구체적이면서도 쉽게 적용할 수 있도록 최대한의 지원을 아끼지 않아야 한다. 평가에 앞서 유사한 사례를 활용, 설명회를 개최하거나 실제 평가를 시뮬레이션해 보는 것도 하나의 좋은 방법이다. 또한 동일 대상에 대한 평가점수의 편차가 심한 경우를 대비하여 이를 어떻게 처리, 조정할 것인지에 대해서도 대안을 마련해야 한다. 예를 들면, 최고치와 최저치를 제하고 평균치를 산출하여 사용하기도 하고 양극단의 평가자로 하여금 그 이유를 설명토록 하여 평가점수에 대한 오류를 보완할 수 있는 기회를 주기도 한다. 어느 방법을 활용하든 평가의 정확성, 객관성, 공정성이라는 목적달성을 위해 필요하다면 반드시 고려해야 할 사항들이다.

2) 평가점수가 평가시기에 영향을 받는 경우 평가방법 개선

어떤 특정 사업의 경우 평가 시기에 따라 점수의 영향을 많이 받는 경우가 있다. 이는 주로 평가 주기가 길고 평가 빈도가 매우 작은 과제나 사업에서 쉽게 찾아볼 수 있다. 예를 들면, 고객만족도는 보통 평가 시기가 연 말에 일회성으로 이뤄진다. 이때 조직에 어떤 큰 이슈가 발생하면 점수에 상당한 영향을 미치는 것이 사실이다. 문제는 평소에 좋은 이미지를 쌓았더라도 평가 시기에 즈음하여 발생한 실수나 과실로 조직이나 부서 전체가 악영향을 받기 때문이다. 이와 같은 리스크를 감소시키기 위해서는 평가방식에 대한 개선이 필요하다. 예를 들면, 평가의 횟수를 늘리거나 정기적인 평가를 실시하는 것도 하나의 방법이며 고객에게 서비스가 이뤄지는 시점에서 평가를 실시하고 그 데이터를 활용하는 방법 등 보다 전향적인 대안을 마련할 필요가 있다.

3) 통제 불가능한 외적 환경의 영향에 대한 고려

통제 불가능한 다양한 환경의 도래는 어느 조직에서나 발생할 수 있다. 이는 조직의 노력만으로 변화 그 자체를 막거나 소멸시킬 수 없는 특징을 가지고 있다. 따라서 그에 따른 영향을 최소화하거나 예방하는 것이 최선이다. 성과관리를 다루는 실무자의 입장에서 이처럼 통제 불가능한 외적 요소 때문에 계획된 목표를 달성하지 못한 사업에 대해 어떻게 처리해야 할지 고민하지 않을 수 없다. 핵심적인 쟁점은 두 가지로 나누어 보아야 한다. 과연 대상 과제나 사업의 기획 당시 외적 환경요소를 예측하는 것이 불가능했는가? 사업의 추진 중에 발생한 리스크를 통제하거나 대응한 방법들이 최선이라고 볼 수 있는가? 그렇다면 계획된 목표와 도출된 성과에 대해 외적 환경의 영향을 어느 정도를 감안하여 점수를 반영해야 하는가? 이와 같은 예외 사항 처리에 대해서는 나름대로의 가이드라인이나 원칙을 사전에 명확하게 해둘 필요가 있다. 그렇지 않고서는 성과평가의 핵심인 공정성과 객관성을 담보할 수 없기 때문이다. 실무적으로는 이처럼 다양한 평가의 예외사항을 다룰 수 있는 위원회를 구성하여 대처하는 것도 현명한 문제해결의 한 방법이라 할 수 있다.

4) 평가 관련자료의 신뢰성 확보

성과평가의 경우 대부분의 평가는 1차적으로 서류평가가 기본이다. 2차 평가인 인터뷰나 현장평가 등은 평가의 오류를 막고 정확도를 높이기 위해 보조적으로 활용되는 경우도 많다. 따라서 평가를 위해 제출한 서류에 대해서는 반드시 신뢰성을 담보할 수 있어야 한다. 또한, 보고서 등 평가와 관련된 자료는 평가자가 쉽게 내용을 파악하고 평가를 할 수 있도록 최대한 배려를 아끼지 않아야 한다. 이를 위해 사무국은 피 평가부서들이 객관성을 기반으로 과제나 업무 추진실적들을 일목요연하게 정리할 수 있도록 명확한 지침을 제공해야 한다. 동시에 피 평가부서에게 실적의 허위 기재나 자료 작성에 실수가 없도록 상세한 관련 내용들을 사전에 공지할 필요가 있다. 특히, 시기적으로 실적이나 성과를 집계할 수 없는 상황 등 예외적인 사항에 대해서도 처리지침이 필요하다. 실무적 차원에서는 예상치 못한 예외 사항이 발생된 경우 최대한 관련자료를 확보하여 평가자가 상황을 이해하고 정상참작을 할 수 있도록 할 필요가 있다. 또한, 필수적으로 증빙이 요구되는 건에 대해 항목별로 리스트를 작성하고 별첨으로 내용들을 첨부하도록 하는 것도 좋은 방법이다.

5) 상호 이질적인 업무 특성의 고려

평가 시에 현업으로부터 많이 나온 질문 중 하나는 업무가 서로 이질적인데 어떻게 평가기준을 동일하게 적용하는가에 관한 것이다. 당연하게 나올 수 있는 질문이다. 그런데 재미있는 것은 그 적용 기준이 꼭 불리할 때만 문제를 제기한다는 사실이다. 업무가 이질적이기 때문에 반드시 평가 항목이나 세부 기준이 달라야 하는 것은 아니다. 성과지표와 목표치 그리고 가중치가 서로 다르기 때문에 업무의 특성을 나름대로 반영하고 있다고 보아야 한다. 그러나 그 정도의 차이로는 업무 특성을 반영할 수 없다면 평가 항목과 평가기준을 개선하는 것이 맞다. 예를 들면, 동일 조직 내에 서비스 유형과 제품생산 유형이 있을 때 동일한 평가항목과 기준으로 두 가지 업무 유형을 평가하는 데는 한계가 있다. 서비스 부문에서는 서비스 제공 내용, 서비스 단축 시간과 서비스 품질이 중요하고 제품생산 부문에서는 단위 생산량과 수율, 원가 절감이 핵심적인 성과관리 대상일 수 있기 때문이다. 어느 정도로 유형을 구분할 것인가에 대해서는 조직의 여건에 따라 유연성을 가지고 대처해야 할 것이다.

4

성과평가 결과의 활용

1) 평가결과의 활용과 인적자원관리

평가결과의 활용과 인적자원관리는 밀접하게 관련되어 있다. 인적자원관리는 조직의 비전이나 전략을 구현하기 위한 인재의 수요 발생에서부터 시작된다. 인재가 채용되면 부서 이동과 배치를 거치면서 그에 맞는 역할과 업무가 부여되고 구성원은 자신의 능력을 활용하여 성과를 창출한다. 이 과정에서 구성원에게는 업무수행에 필요한 교육이 실시되며 평가를 통해 급여와 승진 등 보상이 뒤따른다. 따라서 인적자원관리는 채용, 배치, 교육, 평가 그리고 보상을 통한 인재의 육성과 활용 등 종합적인 관리에 초점이 맞춰진다. 이와 같은 인적자원관리 전반에 걸쳐 평가가 어떻게 영향을 미치고 있는지 파악할 필요가 있다. 인적자원관리 관점에서 평가의 결과를 활용하는 수준은 조직의 경영 능력에 비례한다. 그만큼 평가시스템은 조직의 경쟁력 향상과 밀접하게 관련되어 있다. 아래의 그림에서 보듯이 평가는 인적자원관리 전체의 중심부에 위치하여 다른 부분과 높은 연계성을 가지고 있다.

핵심 기능으로서 평가는 크게 일에 대한 평가 즉 성과기반의 업적평가와 사람에 대한 역량평가로 분류할 수 있다. 각각의 평가는 그 특성에 따라 인적자원관리의 해당 분야에 폭넓게 활용된다.

〈그림 7-2〉 인적자원관리와 평가의 상호관계

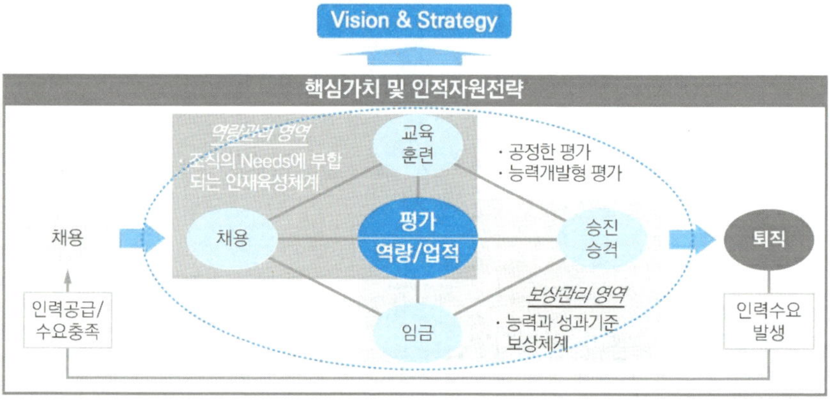

가) 업적(성과)평가와 인적자원관리의 연계

업적평가는 과제나 핵심업무를 통해 창출된 성과에 대한 평가를 말한다. 따라서 그 대상은 사람이 아니라 일의 결과에 대한 평가라 할 수 있다. 업적평가인 성과평가의 결과는 인적자원관리 전략에 어떻게 활용되는가? 맨 먼저 성과급이나 인센티브 등 물질적 보상으로 활용되며 승진에도 일정부분 영향을 미친다. 만약, 성과가 부진한 경우 그 원인이 관련지식이나 역량 부족이라면 적절한 교육과정과 연계시킬 수 있다. 하지만 성과 부진의 원인이 적성 문제라면 타부서로 배치나 업무의 재분장도 고려의 대상이 될 수도 있다. 평가를 종합적으로 분석한 결과 조직 내부에 적합한 인재가 없거나 부족하다고 판단되면 경력직 등 채용 부분의 검토가 요구되기도 한다. 따라서 업적을 기반으로 하는 성과평가는 조직 내부의 인적자원관리와 밀접하게 연계되어 운영되어야 한다. 물론 성과평가를 인적자원관리에 다방면으로 활용하기 위해서는 역량평가와 상호 보완적인 관계를 유지할 필요가 있다.

나) 역량평가와 인적자원관리의 연계

역량이란 주어진 역할이나 직무에서 탁월한 성과를 창출할 수 있는 개인의 지속적이고 안정적으로 나타나는 행동 특성을 말한다. 따라서 일의 관점이 아니라 사람의 관점이다. 사람 중심의 역량평가는 인적자원관리와 어떤 연계성을 가지고 있는가? 모든 회사는 경쟁력 향상을 위해 전사적 역량을 평가하고 나름의 부족한 역량을 확보하기 위해 다양한 노력을 기울인다. 일반적으로는 구성원들에 대한 교육이라는 수단으로 역량을 강화하지만 적극적으로는 경력직 채용이라는 방식을 통해 역량을 확보한다. 어떤 방법이든 중요한 것은 정확한 역량평가가 선행되어야 한다는 사실을 잊어서는 안된다. 역량평가 없이는 필요한 인적자원을 채용하기 위한 정확한 스펙을 만들어 낼 수 없으며 역량 강화를 위한 어떤 교육 프로그램의 설계도 쉽지 않다는 점이다. 또한, 맞춤형의 이동과 배치 그리고 체계적인 승진 역시 역량평가결과를 잘 활용해야 가능하다. 회사의 경쟁력은 구성원들의 역량으로부터 창출되고 이는 역량평가를 기반으로 하는 효과적인 인적자원관리에서부터 출발한다. 그렇다면 인적자원관리의 목적은 무엇인가? 역시 조직이 추구하는 경쟁우위라 할 수 있다. 즉, 인재들이 우수한 성과를 창출하도록 동기를 부여하고 궁극적으로는 비전 구현을 촉진하는 데 있다. 이를 위해 조직은 구성원의 역량평가는 물론 업적에 대한 객관적인 평가를 통해 그들로 하여금 스스로 약점을 보완하고 강점을 강화시키는 기회로 삼도록 해야 한다. 평가는 결국 사람과 일을 매개체로 하여 인적자원관리 전 분야에 걸쳐 지대한 영향을 미치기 때문이다.

2) 성과평가 시스템을 통한 전략경영의 가속화

성과관리를 성공적으로 하려면 성과평가에 대한 결과의 분석과 피드백을 통해 중장기 경영전략을 지속적으로 업데이트(Update)하고 롤링(Rolling)할 수 있어야 한다. 이는 비전을 달성하기 위해 미래의 전략과제를 체계적으로 관리하고 성과를 창출하기 위한 실질적 행동이라 할 수 있다. 대부분의 조직들이 이상적인 비전을 설정하고 이를 구현하기 위한 중장기전략을 수립하곤 한다. 그런데 정작 중장기전략이 계획대로 추진되고 있는 조직은 좀처럼 찾아보기 힘들다. 그 이유는 비전 달성에 필요한 중장기적인 성과를 체계적으로 관리하지 않기 때문이다. 물론, 전략과제를 통해 성과를 지속적으로 창출할 수 있는 역량과 자원의 투입이 부족한 것도 사실이다. 그러나 중장기 전략을 체계적으로 관리할 수 있는 내부의 시스템과 경영층의 의지의 부족이 가장 큰 원인이다. 중장기 전략과제를 모니터링하고 평가를 통해 철저하게 피드백하면서 성과를 관리하고 자원을 재분배하는데 임원과 관리자들이 얼마나 시간과 노력을 투입하고 있는가? 이제, 이 시점에서 한 번쯤 고민을 해봐야 한다. 많은 조직에서 추진한 과제나 사업은 매년 연속되거나 유사한 경우가 많다. 따라서 특별한 변화가 주어지지 않는 한 지금까지의 사업 패턴을 유지할 확률이 크다. 이와 같은 반복적인 패턴을 극복하기 위해서는 중장기 전략에 포함된 신규과제 등 새로운 전략과제를 최소한 연간 단위로 성과관리 시스템에 추가하고 보완해야 한다. 그리고 주기적으로 전략과제의 성과 추이를 분석하고 성찰하면서 새로운 과제로 미래를 도전해가는 선진형의 전략경영 도입이 필요하다. 전략경영을 가속화하기 위해서는 설정된 전략과제에 대해 장기, 중기, 단기별로 목표를 세분화하고 이를 달성하기 위한 체계적인 관리시스템을 구축해야 한다. 전략과제별 최종 목적과 단계별 목표를 성과로 만들어가는 과정에서 성과평가는 반드시 필요한 핵심 요소임을 잊어서는 안된다.

3) 성과평가 시스템을 통한 자율경영 기반 구축

성과평가 시스템의 목적은 평가부서의 통제와 관리측면보다는 현업의 자율경영을 위한 정보제공 등 지원적 성격이 강해야 한다. 그렇게 함으로써 개별부서들은 성과관리 시스템에 의한 정보를 활용하여 전략적으로 최적화된 자원배분과 경쟁우위 확보를 위한 다양한 조치를 취할 수 있다. 이와 같은 과정을 거쳐 부서의 전략과제 단위 성과가 전략목표를 통해 결국 비전 달성을 보다 효율적으로 촉진할 수 있기 때문이다. 조직의 규모가 일정 수준 이상으로 커지면 아무리 훌륭한 책임자라 하더라도 현업의 모든 부서들이 수행하고 있는 다양한 과제들의 진행 상태나 성과를 완전히 파악하기란 불가능하다. 이를 극복하기 위해서는 시스템의 의존도를 높이는 것이 좋은 대안이 될 수 있다. 특히, 첨단의 정보통신기술이 접목된 성과관리 시스템에 의해 문제가 있는 과제들을 실시간으로 추출할 수 있으며 이들에 대한 입체적 분석과 의사결정으로 즉각적인 조치가 가능하기 때문이다. 그 결과, 누군가로부터 지시를 받거나 혹은 아래로부터 보고가 되어야만 조치가 가능한 조직과는 차원이 다른 선진형 경영이 가능해진다. 진정으로 자율경영을 수행할 수 있을 정도의 성과평가 시스템을 운영하고 있는 조직이야말로 지속성장 가능 경영의 기반을 확보하고 있다고 볼 수 있다.

4) 성과평가 시스템을 활용한 인재육성

현대 경영학의 창시자로 유명한 미국의 경영학자 피터 드러커 교수가 설파한 '측정이나 평가 없이는 관리도 없다'라는 말이 떠오른다. 이는 평가를 통해서만이 관리하고자 하는 대상의 문제점을 발견하여 개선의 여지를 찾을 수 있고, 그 결과 더 높은 경쟁우위가 가능하다는 말이다. 다시말해, 설정한 목표성과와 현재성과의 갭 수준을 측정하여 문제점을 명확하게 인식해야 보다 도전적이고 전략 지향적인 개선 활동을 추구할 수 있게 된다는 것이다. 이와 같은 개선활동에는 다양한 방법과 수단이 존재하며 그에 필요한 최적 수단의 선택과 성과의 창출 수준은 구성원들의 역량에 달려 있다. 관리자는 그들이 문제를 해결하고 성과를 창출하는 과정에서 이들을 분석하고 평가함으로써 인적자원 개발의 다양한 접근을 시도할 수 있다. 또한, 성과관리 시스템에 근거한 성과에 관한 정보를 기초로 구성원들의 역량을 분석하고 그 결과를 활용하여 개인별 맞춤형의 인재육성 방향과 경력경로를 설계할 수 있게 된다. 이와 같은 과학적이고 시스템적 접근으로 조직의 특성에 맞는 다양한 인재를 체계적으로 육성할 수 있어야 경쟁력 향상에 도움이 된다.

쉬어가기 인력 채용=사람 확보?

많은 사람들은 인력 채용을 마음에 드는 사람을 선발하는 단순한 업무로 생각하는 경향이 있다. 이는 인력을 모집하고 선발하는 유지관리형 활동으로 착각하고 있기 때문이다. 틀린 말은 아니다. 그러나 이와 같이 정의를 하면 여러 가지 잠재적인 오류의 늪에 빠질 수 있다. 조직에서 채용 행위가 인력을 충원하는 것은 맞지만 그것은 결코 목적이 될 수 없다. 왜냐하면 조직은 채용을 통해 사람을 확보하는 데 초점을 맞추는 것이 아니라 인력의 확보라는 수단을 통해 그들이 부족한 역량을 채우는 데 목적이 있기 때문이다. 따라서 채용의 본질적 의미는 역량 확보를 위한 인력의 조달이라고 보는 것이 정확한 표현이다. 왜냐하면 채용된 인력이 요구하는 역량을 충분히 지니고 있다면 다행이지만, 그렇지 못하면 그 부족한 역량을 확보하기 위해 또 다른 인력을 추가로 채용해야 되기 때문이다. 따라서 우리가 흔히 사용하는 인력 채용이라는 말보다는 역량의 확보라는 실질적이고 현실적인 표현이 더 어울리지 않을까? 이는 우리가 TV를 살 때 하드웨어만 사는 것이 아니라 TV가 갖춰야 할 완벽한 기능 즉, 소프트웨어까지를 함께 구입하는 것과 같다.

5

성과평가에 대한 수용성 확보 방안

성과평가 시스템이 당초의 목적대로 긍정적인 효과를 거두려면 평가결과에 대한 구성원들의 수용성이 일정 수준 이상 확보되어야 한다. 수용성 확보는 구성원들의 성과평가에 대한 정확한 이해를 전제로 한다. 훌륭한 성과시스템을 도입하고도 제대로 활용하지 못하는 것은 구성원들의 낮은 수용도가 장애로 작용하기 때문이다. 평가결과에 대한 수용도는 평가절차와 방법을 비롯하여 평가결과에 대한 의미있는 합의를 말한다. 그렇다면 평가결과에 대한 수용성 확보를 위한 방법에는 어떤 것들이 있는지 알아보자.

1) 평가절차와 방법의 개선

가) 입체적 다단계 평가방식의 도입

평가는 일반적으로 사전평가와 중간평가 그리고 결과평가의 3단계로 구분된다. 이렇게 분류하는 이유는 각 단계별로 관리해야 하는 포인트가 다르고 단계를 구분할 때 보다 효율적인 관리가 가능하기 때문이다.

① 사전평가: 달성도 평가 위주인 결과평가만을 실시할 경우 나타나는 문제를 예방하기 위해 계획단계에서 실시하는 평가를 말한다. 여기에서는 주로 평가대상이 되는 과제, 성과지표, 목표치, 측정 산식 등 관련 요소들의 충실성에 초점을 맞춰 평가한다. 구체적으로는 과제의 중요도, 지표의 적합성, 목표의 도전성, 전반적인 추진상의 난이도 등에 대해 그 수준을 평가하고 피드백을 통해 성과관리 품질을 고도화하는 것이 목적이다.

② 중간평가: 계획된 과제나 사업의 추진 과정이 얼마나 차질없이 매끄럽게 진행되는가를 평가한다. 계획만큼 진행되지 못한 과제나 사업이 있을 경우 그 원인을 분석하고 대책을 마련하기 위해 일정 시점에서 점검을 실시하고 그 결과를 피드백하게 된다. 중간평가의 장점은 사후에 발생할 수 있는 기회손실을 미연에 방지하기 위한 목적이 가장 크다.

③ 결과평가: 과제나 사업이 완료되거나 결과를 정리하는 시점에서 평가하는 것으로 주로 달성도에 초점을 맞춘다. 즉, 정해진 추진 기간의 마무리 단계에서 계획이나 목표 대비 달성된 정도를 평가하는 것이 일반적이다. 사전평가와 중간평가의 피드백 내용이 추진 과정에서 제대로 반영되었다면 결과 평가의 성과는 당연히 우수할 수밖에 없다.

나) 입체적 다단계 평가방식의 장점

입체적 다단계 평가방식의 특징은 사전평가를 강조한 것으로 이는 계획단계의 중요성을 매우 중요하게 고려하고 있다는 점이다. 즉, 형식적인 결과의 달성도만을 높이기 위한 성과관리가 아니라 조직의 비전이나 전략목표달성에 보다 충실하고자 하는 방식이다. 상대적으로 쉬운 과제를 상정하고 적당한 목표를 설정한 다음 그 목표를 단순히 초과 달성하는 것이 전사적 차원에서는 큰 의미가 없음을 알고 있기 때문이다. 회사 차원에서는 전략적으로 중요한 과제에 대해 도전적인 목표를 설정하고 이를 의미있게 달성할 수 있는 성과관리 시스템을 구축하는 것이 무엇보다 가치 있는 일일 것이다. 이를 위해 구성원들로 하여금 비전과 전략목표 구현에 기여도가 높은 과제나 사업을 추진하도록 동기를 부여하는 일도 매우 중요하다. 또한, 다단계 평가방식은 그와 같은 과제들이 체계적으로 추진될 수 있도록 과정을 점검하고 피드백을 통해 성과의 질적 차원의 완성도를 높여갈 수 있다. 그리고 평범한 과제보다는 중요하고 어려운 과제를 해결했을 때 보다 높은 보상이 수반되는 성과주의 문화를 창출하는 데 있어서도 매우 유용한 평가방식이라 할 수 있다.

2) 사전평가 방법의 설계

가) 사전평가에 대한 기획과 공감대 형성

사전평가 방식을 도입하기 위해서는 전 구성원들로 하여금 사전평가의 목적이나 배경, 운영절차 및 방법, 기대효과 등에 대해 공감대를 형성하는 것이 중요하다. 회사 입장에서 보면 '얼마나 의미있는 과제나 사업을 성과관리의 대상으로 하는가?' 하는 질문은 매우 중요한 사항이라 할 수 있다. 그것이 전제될 때 뒤따르는 지표와 목표치 관련 이슈도 체계적으로 정리될 수 있기 때문이다. 사전, 중간, 결과평가의 각각에 대한 비중은 조직 차원에서 평가결과를 어떻게 활용할 것인가에 따라 달라져야 한다. 예를 들면, 사전평가 40점, 중간평가 10점, 사후평가 50점으로 하여 최종 100점을 산출하는 방식의 경우 계획단계를 상당히 비중있게 고려하고 있다는 반증이 된다. 특히, 사전평가 점수의 비중을 적당하게 유지하면 성과관리의 품질을 유지하는 데 매우 도움이 된다. 중요도가 낮고 달성하기 쉬운 과제를 선정하려고

하는 유혹을 억제할 수 있기 때문이다. 그리고 각각의 평가단계에서 중요하게 다뤄야 할 세부 내용에 대해서는 사전에 관련 항목을 정하여 매뉴얼이나 지침형태로 명확화하는 것이 좋다.

나) 평가대상의 그룹 분류

성과평가 대상 부서들은 제각각 다양한 업무적인 특성을 가지고 있다. 따라서 특성이 유사한 몇 개의 부서들을 묶어 그룹화한 후 평가로 연계시키는 것이 효과적이다. 예를 들면, 기업의 경우 연구개발 그룹, 생산·제조 그룹, 마케팅·영업·홍보 그룹, 경영지원 그룹으로 분류할 수 있다. 서로 다른 다양한 업무들을 수행하고 있는 공공부문의 경우에도 특성이 유사한 부서를 그룹화하여 평가그룹으로 구분하는 것이 보다 합리적일 것이다. 평가대상 그룹의 개수에는 정답이 없다. 이는 하나의 회사 내에서 이질성의 사업군을 몇 개로 나누어 볼 것인가와 관련된 문제이기 때문이다.

다) 평가단의 자격과 구성

1) 성과평가단의 자격: 평가단은 멤버의 구성을 어떻게하느냐에 따라 여러가지 형태로 나타날 수 있다. 다만, 구성원은 조직 내부의 업무를 충분하게 이해하고 평가에 대한 기본적인 자질을 갖추고 있는 자(내부는 관리자급)가 적합하다.
2) 성과평가단의 구성: 평가단 인력은 평가대상 그룹의 규모에 따라 달라진다. 통상 평가그룹별 4명~6명 정도로 인력을 구성하는 것이 좋다(예를 들어, 평가그룹이 5개일 경우 20명~30명 정도)
3) 성과평가단의 운영: 평가단의 그룹별 배치는 피평가 대상 부서 업무와

관련이 있는 전문가나 전직 유경험자로 하는 것이 합리적이다. 업무에 대한 이해도가 높아 평가의 오류를 범할 가능성이 적기 때문이다. 다만, 내부 평가자의 경우 현재 평가자가 소속되어 있는 부서가 속한 그룹의 평가는 제외한다. 평가는 그룹별 상호 교차평가를 원칙으로 하되 그룹 내에서는 평가자들이 상호 토의를 한 후 합의를 전제로 한다.

라) 평가단의 교차평가를 통한 객관성 확보

평가팀 내에서 평가자들은 평가대상 과제 및 사업의 평가 관련 항목에 대해 집중 토론을 한다. 퍼실리테이터나 코치는 사전에 평가절차나 방식에 대해 명확하게 전달하고 이에 대한 공감대를 형성해야 한다. 이어서 정해진 룰에 따라 순차적으로 평가 내용을 토의하도록 분위기를 조성할 필요가 있다. 토의가 어느 정도 이루어지면 합의를 기반으로 평가 항목에 따라 점수를 부여하도록 한다. 이때 퍼실리테이터는 평가자들이 동등한 입장에서 자유롭게 토의를 한 후 합의에 이를 수 있도록 가이드를 해주는 노력이 중요하다. 정교한 평가 매뉴얼이 구비되고 유능한 퍼실리테이터가 있다 하더라도 평가에는 여러가지 원인으로 인해 오류가 발생할 수 있다. 이와 같은 오류 현상을 최소화하기 위해 평가 팀 간 교차평가를 실시한다. 즉, 이미 선행평가가 실시된 그룹에 대해 다른 평가 팀이 앞 팀의 평가 결과에 관계없이 제로 베이스(Zero Base) 관점에서 동일한 방식으로 평가를 실시한다. 결국 한 개의 평가대상과제 혹은 사업에 대해 두 개의 평가팀이 평가점수(등급)를 부여하는 방식이다.

마) 평가 결과 편차 분석을 통한 합의의 도출

평가팀 간 교차평가의 목적은 평가에 대한 객관성을 확보하는 데 있다. 그 방법의 하나로 평가팀 간의 결과값을 비교하여 편차 정도를 분석한다. 동일 평가대상 과제에 대한 2개 팀 간 평가 결과값의 차이가 크면 어느 한 쪽이 정확도 면에서 결함이 있다고 판단한다(예를 들면, 동일 대상과제에 대해 한 팀은 80점(A), 다른 한팀은 45점(C)으로 2등급 이상의 차이) 이와 같은 경우 평가팀 양측의 설명을 듣고 조정할 부분들을 각 팀에서 분석하도록 한다. 그 후에 평가팀 간의 토의를 통해 자연스럽게 평가결과나 점수를 조정, 합의에 이르도록 한다. 평가팀이 과제나 사업의 이해가 부족하여 평가에 오류가 발생한 경우 현업의 담당자로 하여금 사업에 대한 설명 기회를 부여할 수도 있다. 이것도 평가의 정확성을 기하기 위해 필요하기 때문이다. 동일한 평가대상에 대해 교차평가 결과 평가 점수의 차가 줄어들수록 일관된 방향에서 평가가 이루어졌음을 의미한다. 따라서 2개 팀 간 점수(등급)가 일정한 범위 내로 들어왔을 때 두 개 팀의 평균값을 도출하여 합의된 결과치로 간주한다.

쉬어가기 사전평가를 통한 지표의 보완

어느 지자체의 사례를 들어보자. 성과관리 계획에 대한 사전평가가 끝나고 그 결과가 각 부서에 통보되었다. 문화재과는 사전평가 결과가 기대 이하 수준인 것에 매우 당황스러워 했다. C급 이하의 지표가 생각보다 많았기 때문이다. 내부회의를 통해 평가가 좋지 않은 지표에 대해 추가적인 분석을 하고 가능하다면 보완을 통해 이의신청을 하기로 했다. '박물관 이용 활성화' 과제가 그중 하나로 성과지표와 목표치는 '관람객 수 20,000명'이었다. 해당 지자체는 지난해 여러 가지 어려움으로 우여곡절 끝에 박물관을 준공하여 문을 열게 된 것이다. 문화재과 역시 박물관을 서둘러 개방한 탓에 타 시도 박물관보다 전시된 유물과 컨텐츠가 부족한 상태라는 사실을 잘 알고 있었다. 이 과제에 대한 사전평가단의 의견은 관람객 수라는 산출지표 문제와 시 차원에서 볼 때 유물이나 컨텐츠 확보가 보다 시급하고 중요한 요소들이라는 점에서 볼 때 성과지표가 미흡하다는 평가였다. 문화재과는 시 차원의 여건과 과제의 목적을 재조명하고 이를 바탕으로 내용을 보완하기 위해 여러 번의 회의를 거쳐 이의신청서를 작성했다. 수정안에는 과제를 '박물관 운영 내실화'로 변경하고 '신규 유물 확보 수 500점'으로 지표와 목표 수준을 설정했다. 현시점에서 중요하고 시급한 부분의 보완을 통해 박물관의 질적 경쟁력을 높이는 것으로 계획을 보완한 것이다. 이렇게 이의 신청된 성과관리계획서를 검토한 평가단은 만장일치로 등급을 C급→B급으로 상향 조정했다. 처음부터 새로 보완된 과제와 지표를 사용했더라면 A급 이상의 평가를 받았을 것이다. 그러나 이의신청 후 평가는 B급이 상한선이다. 이와 같은 성과관리의 사전평가시스템 운영은 당초에 설계된 계획서의 피드백을 통한 보완의 기회가 주어지는 장점이 있다. 낮은 품질 수준의 계획으로 높은 성과를 창출하는 것은 불가능하다. 성과관리계획의 품질을 유지하기 위해서라도 사전평가는 매우 필요하다. 해당 지자체는 사전평가 시스템의 운영 덕분에 타 시도에 비해 성과관리에 대한 품질 경쟁의 우위를 지속적으로 유지하고 있다.

3) 중간평가 방법의 설계 및 운영

중간평가 역시 평가의 목적을 분명하게 할 필요가 있다. 이는 평가의 목적에 따라 중점 관리 포인트가 달라지기 때문이다. 예를 들어, 진척도 평가를 통해 과제나 사업의 전반적인 추진과정을 분석하는 경우와 진척도가 낮은 핵심사업에 대한 개선 방안을 설계하려고 한 경우 중간평가의 포인트는 상당 부분 달라질 수 있다. 중간평가에 의한 피드백을 통해 사업의 속도를 조절하거나 전사적인 자원을 효과적으로 재배분할 수도 있다. 또한, 부진사업에 대한 원인 분석을 통해 전사 차원에서 기회손실을 최소화하기 위한 조치를 취하기도 한다. 이 외에도 실질적인 중간평가를 통해 환경변화에 따른 새로운 대응 방안을 마련할 수도 있고 구성원들에게 건전한 긴장감을 조성하여 동기 부여를 할 수도 있다. 평가단에 의한 중간평가를 실시할 경우에는 평가팀의 역할과 코칭의 범위 그리고 평가점수 부여 등 상세한 안내가 필요하다. 성과관리부서에서는 항상 실질적인 평가에 들어가기 전에 평가자들로 하여금 사전

시뮬레이션을 할 수 있는 기회를 부여하는 것이 좋다.

4) 결과평가 방법의 설계 및 운영

성과관리에서 결과평가란 주로 달성도 평가를 말한다. 달성도평가는 목표 대비 실적을 계산하는 방식으로 비교적 단순한 편이다. 그러나 사전평가나 중간평가를 생략하고 익년도 초에 전년도 전체 평가를 묶어서 결과평가와 동시에 진행하는 경우에는 상황이 좀 달라진다. 달성도 외에 사전·중간평가에서 수행해야 할 부분까지 포함하여 평가를 실시하기 때문이다. 이 경우 평가를 통합적으로 실시하므로 효율적일 수는 있지만 평가 후 성찰과 피드백이 약할 수밖에 없는 한계를 가지고 있다. 즉, 사전과 중간평가에서 도출된 시사점에 대한 현업의 보완 과정이 미흡하여 평가 행위 자체로 끝나는 경우가 많다. 따라서 평가결과에 대한 구성원들의 공감대 수준이 낮을 뿐만 아니라 평가의 변별력 또한 명확하지 못한 경우가 많이 발생한다. 이를 방지하려면 사무국은 수시로 현업과 평가관련 사항을 소통함으로써 지속적인 코칭을 해야 한다. 결과평가를 공정하고 객관적으로 수행하기 위해서는 평가의 원칙, 기준과 방법, 절차는 물론 평가자의 선발방법 등 세부사항을 사전에 확정함으로써 결과평가 시에 나타나는 혼란을 없애야 한다. 이를 위해서는 회사의 특성에 맞는 결과평가 방법의 설계를 위한 대 내·외적인 여건 조사와 준비가 필요하다. 전사적 환경의 변화를 반영하여 매년 평가 편람이나 지침을 매뉴얼 형태로 작성하고 이를 전 부서에 배포하거나 직원 대상의 설명회를 통해 내용을 공유하는 것이 좋다. 또한, 피평가 대상부서에 결과평가보고서 작성을 위한 세부 지침이나 안내서를 제공하고 정리와 자료준비에 대해 충분한 시간을 부여해야 한다. 결과평가를 잘 설계하고 운영하기 위해서는 다음과 같은 질문을 반복함으로써 평가에 대한 철학을 정립할 필요가 있다. 성과평가를 왜 해야 하는가? 결과평가의 목적은 무엇인가? 성과평가 결과를 어떻게 활용할 것인가? 조직이 지속적으로 성장하려면 평가시스템을 어떻게 레벨업시켜야 하는가? 보다 근본적인 질문을 통해 구성원 스스로가 성과관리에 대한 인식을 한 단계 레벨업 할 수 있도록 기회를 부여하는 것도 매우 가치있는 일이다.

5) 이의신청 제도의 활용

성과평가 시스템을 운영하는 과정에서 적용되는 이의신청 제도는 평가결과에 대해 피 평가 측에서 납득이 안될 때 재검토를 요구하는 행위이다. 따라서 성과관리 시스템에 대한 인식 수준이 높고 시스템의 운영이 매끄럽게 잘 되었다면 평가결과에 대한 이의신청이 없겠지만 현실은 그렇지 못하다. 평가에 대한 인식과 판단 기준이 서로 다르므로 이의신청이 있는 경우에는 적극적인 대응을 통해 구성원들의 이해의 폭을 넓혀야 한다. 이의신청을 위해서는 분명한 조건이 필요하다. 다시 말하면, 이의신청에 대한 사유를 명확하게 하고 가능한 한 오류를 정정하기 위한 명백한 근거를 첨부하도록 하는 것이 좋다. 이의신청이 이뤄지면 사무국은 이의신청 사항에 대해 평가단으로 하여금 재평가를 실시하도록 하고 그 결과를 반드시 문서로 통보해야 한다. 특히, 평가단은 이의신청 사항의 수용 가부에 대해 명확한 근거를 제시하여 평가에 대한 오해가 없도록 해야 한다. 이 역시 피드백을 통한 소통 과정의 일부로써 건전한 성과관리 시스템 구축과 운영을 위해 필요한 활동이기 때문이다.